Auténticas soluciones para madres atareadas

Auténticas soluciones para madres atareadas

Su guía para el éxito y la sensatez

Kathy Ireland

Con la colaboración de James Lund

HOWARD BOOKS
A DIVISION OF SIMON & SCHUSTER
New York London Toronto Sydney

Nuestro objetivo en Howard Books es:
- *Incrementar la fe* en los corazones de los cristianos según crecen espiritualmente.
- *Inspirar santidad* en la vida de los creyentes.
- *Infundir esperanza* en los corazones de personas que enfrentan dificultades en todas partes.

¡Porque Él viene otra vez!

Publicado por Howard Books, una división de Simon & Schuster, Inc.
1230 Avenue of the Americas, New York, NY 10020
www.howardpublishing.com

Real Solutions for Busy Moms © 2009 by Kathy Ireland Worldwide

ISBN-13: 978-1-4391-5016-0
ISBN-10:   1-4391-5016-8

10 9 8 7 6 5 4 3 2 1

HOWARD colophon es un sello editorial registrado de Simon & Schuster, Inc.

Hecho en los Estados Unidos de América

Para obtener información respecto a descuentos especiales en ventas
al por mayor, diríjase a: Simon & Schuster Special Sales at 1-866-506-1949
o a la siguiente dirección electrónica: business@simonandschuster.com.

La Oficina de Oradores (Speakers Bureau) de Simon & Schuster puede presentar
autores en cualquiera de sus eventos en vivo. Para más información o para hacer
una reservación para un evento, llame al Speakers Bureau de Simon & Schuster,
866-248-3049 o visite nuestra página web en www.simonspeakers.com.

Editado por Between the Lines
Diseño de la cubierta de Stephanie D. Walker
Diseño interior de Jaime Putorti

Dedico este libro al amor de mi vida,
a quien amo más cada año que pasa,
mi maravilloso esposo Greg,
y a las luces de nuestra vida, nuestros preciosos hijos
Erik, Lily y Chloe,
que nos aportan una sobreabundancia de alegría.

índice

agradecimientos

Al áncora, firme y segura, de mi alma… mi Roca, mi Luz, mi Señor y Salvador y mejor amigo, Jesucristo… con él todas las cosas son posibles.

A mamá y papá… por su gran amor, ilimitado e incondicional… por estar siempre presentes para mí… por sus eficaces oraciones… por conducirme al Señor y enseñarme con el ejemplo que todas las cosas, incluida la fe, exigen esfuerzo.

A Barbara… mucho más que una suegra… A Phil… para siempre en nuestros corazones.

A Tía Dorothy… un pilar de fortaleza.

A mis bellas hermanas Mary y Cynthia… juntas en las aventuras de la infancia, hoy ustedes y sus familias son fuentes de inspiración y regocijo.

A Erik, Jason, Jon y Stephen… familia.

Erik… tu apacible firmeza, tu extraordinaria generosidad, tu brillante inteligencia, tu sentido de aventura, tu sabiduría.

Jason… mi mentor y muchas cosas más… por ayudarme a encontrar mi propia voz… ¡y un público que la escuchara!… por multiplicar tus dones para bendecir a otros de manera impactante… tu enorme corazón, tu visión clara, siempre enfocada y brillante, con oídos prestos a escuchar y brazos abiertos.

Jon… mi hermanito, tu celosa y segura protección, tu corazón amoroso y jovial, tu asombrosa percepción y extraordinario talento... genio.

Stephen... tu inspiradora fortaleza, tu profunda consideración, tu lealtad, integridad y tu genio brillante y apasionado que trasciende los límites.

A Steve, Dee, Georgia, Miles, Konrad, Rocco, Ruben, Chris, Tony, Claude, Andre, Nicholas, Mitch, Joel, Zulma, Bart, Monica, Charlie, Maria, Felipa, Nittaya y Millie... el mejor equipo del mundo. Gracias a ustedes, sus cónyuges, sus seres queridos y, especialmexinte, sus hijos.

A Brittany... hermosa y fuerte.

A Camille, Baret, Jenny, Kim, Dawn, Michelene, Sue, Cheri, Wanda, Missi, Jule, Jeannine y sus bellas familias... sus oraciones, amistad, amor y siempre el dar más que recibir.

A Bessie... mi heroína... gracias por orientar, enseñar y salvar vidas... ¡eres una gran inspiración!... mucho amor para ti y tu linda familia.

A Wyatt, Jacob, Joseph, Daniel, Sophia, Elijah, Junior... Sal, Mark, Grant, Dyan, Dana y Paul... significan para mí más de lo que las palabras pueden expresar... son verdaderos tesoros.

A nuestros líderes de la familia Niemann: Fritz, Linda, Camilla, Bill, Greg, Leila, Joe, Melinda, Tom, Jeri, Mary, Ron, Matt, Betty, Jim y Sue... ¡ustedes y sus familias son asombrosos!

A todo nuestro árbol familiar con ramas en Canadá, Inglaterra, Noruega y, por supuesto, Estados Unidos.

A nuestros amigos en Hawái... Justin, Marisol, sus bellos hijos y familia... Kainoa, Kalena y sus familias.

A Peter Mainstain, Donna Melby, Miriam Wizman… por el apoyo, la protección y el amor.

A John y Marilyn Moretz… desde el comienzo mismo y para siempre… mi amor por ustedes se ha quedado con demasiada frecuencia sin expresar. Ese amor es firme y está grabado en mi corazón.

A Gavin Perdue y al equipo de Comerica Bank… por tener fe en nosotros cuando otros no la tenían.

A Marilyn McCoo y Billy Davis Jr…. por sus dones de amor, amistad y fraternidad.

A la familia Schuller… por dar siempre una cálida bienvenida y ofrecer sus corazones en amistad.

Para Anita y Roxy Pointer… ¡valientes, bellas y siempre entusiastas!

A Tim Mendelson… con amor y mucho aprecio.

A la familia Estrada… Erik y Nanette, grandes padres y grandes amigos. Gracias por darles tanto siempre a los demás… y especialmente a nosotros.

A la familia Haskell… Sam, Mary, Sam y Mary Lane… su amor, bondad y liderazgo son fuera de serie. Dios los bendiga.

A Sim y la Dra. Debra Farar… su amistad revela el poder del amor, la generosidad y la brillantez. Gracias por el cariño y por no enjuiciar nunca a nadie.

A la familia Sedghi… cada uno de ustedes es una joya preciosa.

A Effy y Leah Raps por la amistad y sabiduría… en medio de la turbulencia y más allá.

A Kathy, Tony y a sus maravillosos hijos, por dar amor y convertirse en una familia.

A Harold y Dotty… ¡ustedes son una inspiración para todos nosotros! Marion, gracias por querer a mi gente.

A nuestros socios, fabricantes y vendedores de la empresa… por invertir con fe todos los días.

A Elise y al equipo de AEFK… por el amor que comparten y su dedicación a cambiar las vidas del prójimo.

A Jonathan Exley, Kendra Richards y José Manuel Morales… ¡sus dones creativos y su amor son extraordinarios!

A John y Chrys Howard y el equipo de Howard Books… nuestra visita a las Naciones Unidas fue el comienzo de este libro. Gracias por permitirles a las madres de todas partes experimentar estas soluciones. Que el amor de nuestro Señor siempre los acompañe.

A James Lund… Jim, gracias por las interminables horas de singular apoyo… tus grandes dotes de escritor y hombre de fe le dieron vida a este libro. Tú hiciste posible que este libro fuese una conversación con madres atareadas, en lugar de un empeño «académico».

A las familias Tarte y Fisher… por la perdurable e indescriptible amistad.

A la familia Kuchmas… por la solidaridad, la inspiración y por su amistad.

A la familia Dellar… por ser un ejemplo y estar con nosotros.

A la Junta de Providence Hall, Randy, Greg, Cliff, Andrew, Stretch, Elise, Kelly, David, Joy, Jay, Paulette, Laura, Brian… dedicación, pasión, sabiduría y perseverancia.

A los Davies, los Dusebouts y la junta de ELMO… por dirigir con carácter y prudencia.

A los pastores Britt y G, y a sus familias… por el inmenso

amor a nuestro Señor, su fidelidad, dedicación y deseo de servirle.

A las damas del estudio bíblico… por su sabiduría y valor.

A los grupos familiares de Merrick/Morgan y a toda la familia de nuestra iglesia… por la prudencia y la responsabilidad, así como por el amor que se profesan unos a otras otros y hacia Él.

A pesar de esta lista, hay mucha gente que hizo esta trayectoria y este libro posibles y que no se mencionan aquí. Sepan que mi gratitud y mi amor por ustedes es firme. Las Escrituras hablan de darle gracias a Dios por cada recuerdo… estén mencionados aquí o no, les doy las gracias a todos y cada uno de ustedes.

introducción

Usted es madre y siente que está perdiendo el control. Se siente abrumada, subestimada, a punto de rendirse. ¿Se ajustan esas descripciones a su vida? No se sienta derrotada y desesperada. Recuerde, usted no siempre se sintió así.

Puesto de algún modo en estos términos, el tren expreso de la vida de sus sueños se ha descarrilado. El cuadro maravilloso que una vez tuvo en mente para su futuro no concuerda con el caos de su realidad actual. Ni siquiera se le acerca. Usted se pregunta: ¿Cómo llegué hasta aquí? ¿Por qué mi vida se deshace? ¿Qué puedo hacer para cambiar esta situación?

Usted necesita soluciones, y las necesita ahora mismo.

Yo conozco esos sentimientos. Como esposa y madre de tres maravillosos, queridísimos y activísimos hijos, y como mujer que se siente abrumada más a menudo de lo que le gustaría admitir, ¡la comprendo! Estoy aquí con usted y quiero ayudarla: ahora mismo.

Estoy dotada del poder de saber mis prioridades, que son la fe, la familia y la oportunidad de realizar una carrera fascinante. Mi trabajo incluye diseñar, animar conferencias motivacionales, escribir y servir como gerente general de una compañía de productos para el hogar, que también desarrolla diferentes estilos de vida y modas, conocida con el nombre de *Kathy Ireland Worldwide* (KIWW). Ha sido un camino largo, difícil e interesante. Sin embargo, de todos los empeños que he tenido el privilegio de emprender, ninguno ha sido más arduo, exigente, gratificante, satisfactorio ni me ha preparado más que la bendición de ser madre. La maternidad es la carrera más importante del mundo. Si usted es mamá, creo que es una heroína que merece todo el apoyo que el mundo pueda darle.

Me comunico con madres todos los días: por la Internet, en el mercado, en la iglesia, en conferencias y en la página web de nuestra compañía. Entiendo y agradezco que ustedes no acudan a mí en busca de un secreto de belleza, de un autógrafo ni de un consejo sobre la manera de vestirse. Me cuentan que están luchando por equilibrar las responsabilidades del matrimonio, la crianza de sus hijos, la administración de una familia o una carrera, o ambas cosas, y el hallar tiempo para ocuparse de ustedes mismas. Tienen preocupaciones económicas. Aspiran a encontrar más empatía o aliento. Aspiran a desarrollarse. Aspiran a cambios positivos en sus vidas. Necesitan auténticas soluciones a los nuevos problemas que enfrentan todos los días, a veces a cada minuto.

En KIWW somos responsables del diseño y mercadeo de más de quince mil productos que vendemos en más de veintiocho países. Cada uno de esos productos debe servir a la familia, especialmente a las madres, que necesitan soluciones que funcionen. Ustedes son mis jefas y agradezco que nos mantengan alertas, a mí y a cada miembro de nuestro equipo. Nuestro lema es:

*«encontrar soluciones para las familias,
especialmente para las madres atareadas»*

Esas diez palabras influyen en todas las decisiones que tomamos. Estamos dedicados a encontrar soluciones para su vida.

Esa es la razón de este libro. Su objetivo es facilitarle los instrumentos y las soluciones que necesita para silenciar a su crítico interno, y a los externos también, cuando los tenga. Cada capítulo la ayudará a imponerse en la vida y a realizar los sueños que ahora mismo viven solo en su mente. Cada capítulo explora una zona de la vida que enfrenta uno de los problemas fundamentales que las madres discuten a diario: la administración del dinero; el logro de un ambiente hogareño feliz; el desarrollo de un estilo de vida saludable; la seguridad de los niños; el encontrar y desarrollar su vocación; el hacer de la fe una prioridad y el equilibrar todo eso con sus necesidades personales como madre. Cada capítulo incluye una sección de debate, una serie de preguntas de madres atareadas con respuestas que la ayudarán a encontrar las soluciones que usted necesita. Se incluye una lista de control para ayudarla a no desviarse del tema. Y encontrará consejos de expertos para ayudarla a que su vida y la vida de su familia sea más feliz, más segura, más sana, más próspera y más manejable.

Este libro la ayudará a eliminar los obstáculos que se interponen en sus sueños y en su destino. Mientras exploramos juntas cada capítulo, abordaremos interrogantes como éstas:

- ¿Está viviendo la vida de sus sueños?

- ¿Se siente atascada y no sabe como seguir adelante?

- ¿Tiene dificultades económicas y está dispuesta a encontrar una solución a ese problem?

- ¿Vive usted en un hogar feliz?

- ¿Hace todo lo posible por garantizar que usted y su familia se mantengan saludables?

- ¿Es su casa un lugar seguro?

- Además de atender a su familia, ¿se ocupa de usted?

- ¿Se siente complacida con el papel que la fe desempeña en su vida?

Pese a todo el conocimiento que he puesto en estas páginas, aún me empeño en encontrar estas respuestas todos los días. La vida y la maternidad son tareas exigentes y a veces atemorizantes. Como madres, la responsabilidad con nuestras familias, particularmente con nuestros hijos, consiste en identificar nuestros temores, enfrentarlos y seguir adelante lo mejor que podamos. Usted puede hacer los cambios que quiera —a partir de hoy— y comenzar a disfrutar la vida que se propuso vivir. Mi oración es que este libro sea su primer paso.

Es un privilegio para mí realizar esta trayectoria con usted. Que Dios la bendiga mientras avanzamos juntas.

Con cariño,
kathy

Si quisiera dirigirse directamente a Kathy, visite la página web
www.kathyireland.com.

capítulo uno

El dinero importa

❦

Me preocupo todos los días por nuestra economía.

Nunca parece que tenemos lo suficiente para

pagar las cuentas y comprar los víveres,

y ni hablar de ahorrar. ¿Qué podemos hacer?

*T*odo puede ser un engaño.

Usted no necesita decirme que millones de familias norteamericanas enfrentan en la actualidad una crisis económica. El pedir prestado y el gastar de más han alcanzado niveles epidémicos. Según cifras recientes, la deuda del consumidor en Estados Unidos se acerca a los $2,5 billones. El saldo deudor en tarjetas de crédito de una familia norteamericana típica asciende al 5 por ciento de su ingreso anual; ¡la deuda promedio es de $2.200![1] Esta oleada de consumo excesivo está dando lugar a alarmantes tendencias: aumento del estrés, problemas de salud, conflictos conyugales (los problemas económicos, dicen los expertos en el matrimonio, son las principales causas de divorcio) y quiebras —y estamos transmitiéndoles las mismas lecciones y problemas a nuestros hijos. Tampoco está sucediendo en un solo grupo económico; ocurre lo mismo si usted gana $30.000 o $300.000 al año. En cada nivel de ingresos, nuestra adicción a tener «más» está destruyendo a la familia tal como la conocemos.

Cuando uno se detiene en verdad a analizar la economía de las familias en este país, el cuadro es pavoroso. Muchos padres y madres han visto sus ahorros y saldos bancarios reducirse casi a cero —o por debajo de cero— y niegan con la cabeza y se preguntan, ¿cómo llegamos hasta aquí? La respuesta, creo yo, es que con frecuencia perseguimos una ilusión de prosperidad —o intentamos mantener una. En cualquier caso, se trata de una peligrosa fantasía.

Tal vez usted sepa que a principios de mi carrera, trabajé como modelo. Fue entonces que primero me di cuenta de cuanto de lo que vemos a diario es una ilusión. El producto final que ve el público en una revista es una imagen lustrosa de una modelo en una playa o en algún lugar exótico. Yo sé, sin embargo, que alguien ha retocado digitalmente todas las arrugas y gotas de sudor, intensificado el azul del cielo y el naranja de los rayos del sol e incluso ha blanqueado los granos de arena. Cuando yo modelaba, ¡a veces apenas reconocía la foto que salía en la revista para la que había modelado! Podría haber sido una escena hermosa, pero no concordaba con la realidad que recordaba.

Diariamente nos bombardean con estas ilusiones. En los anuncios de televisión vemos a familias sonrientes perfectas, en casas perfectas, que conducen autos perfectos en vacaciones perfectas. Vemos a hombres y mujeres famosos vistiendo deslumbrantes trajes de noche y joyas costosas subir a un escenario a aceptar premios por sus logros. Más cerca de casa, advertimos que nuestros vecinos han estacionado un nuevo bote o un RV en la entrada de la casa. Y pensamos que todo el mundo tiene esas cosas y que también nosotros las queremos. Lo que olvidamos es que la gente de la TV son actores a quienes les pagan por promover un producto, que los trajes y las joyas pueden ser alquilados y que sus vecinos pueden haber adquirido una deuda demasiado alta para financiar su última compra. La imagen es engañosa.

¿Persigue usted ilusiones? Si está lidiando con deudas de tarjetas de crédito, si hace compras que no son esenciales aunque la razón le diga que no debe hacerlos o si su estilo de vida lleva a los demás a creer que usted tiene más dinero de lo que realmente tiene, mi opinión es que anda detrás de algo que nunca va a encontrar gastando dinero. Semejante a esos galgos de las carreras de perros que persiguen a una liebre mecánica que corre por un carril alrededor de la pista —no importa cuan rápido corran los perros nunca lograrán alcanzar la liebre.

En este capítulo abordaremos el tema de cómo emprender una carrera diferente —una que usted puede ganar. Empecemos con las tres razones fundamentales por las cuales la gente adquiere la ilusión de la prosperidad.

Primera razón: Falsas impresiones

La primera razón que la gente tiene para aparentar prosperidad es la de tratar de impresionar a los demás. En mi generación, a eso lo llamamos «estar en constante competencia con los Jones». Esto significa comprar cosas que usted realmente no necesita o desea sólo para llamar la atención de alguien que puede que ni conozca ni le caiga bien. Puede aplicarse a casi todo —su ropa, su auto, su casa, sus muebles, su patio, lo que come y los lugares donde va a comer. La idea es aparentar una solvencia que usted realmente no tiene ante otra persona, para que así tenga una mejor opinión de usted. Podría incluso estar intentando tener una mejor opinión de usted misma.

El lado cómico es que la mayoría de las personas que disponen de grandes riquezas no sienten la necesidad de mostrarlas. Tengo el privilegio de compartir ocasionalmente con Warren Buffett, dueño de Shaw Industries, quien es nuestro socio en la industria de pisos y quien nos ayudara cuando comencemos en la industria de productos para el hogar. Nos presentó mi amigo Irv Blumkin, presidente de Nebraska Furniture Mart, que también es una de las compañías de Berkshire-Hathaway de Buffett. Conocí a Blumkin en nuestra primera incursión en el mercado de muebles hace diez años.

La familia Blumkin es legendaria. Su abuela Rose era una de mis heroínas. Aún disfruto leyendo acerca de esta notable mujer que vino de Rusia a Estados Unidos cuando estaba en su veintena. Comenzó su nueva vida con sesenta dólares y sin saber nada de inglés; sin embargo, fue capaz de abrir una pequeña tienda de muebles en el sótano de la casa de empeño de su marido. Su lema era «Vende barato y di la verdad». Esa modesta operación creció hasta convertirse en la gigantesca empresa de ventas al por mayor que es en la actualidad. Rose murió multimillonaria a la edad de ciento cuatro años.

Buffett también se quedó impresionado con Rose Blumkin. Una de las muchas cosas que admiro de él es que, pese a ser una de las personas más ricas del mundo y poder darse el lujo de cualquier exceso, disfruta de un estilo de vida sencillo. Ha vivido en la misma casa de Omaha, Nebraska, durante los últimos cincuenta años, y sus mayores extravagancias diarias consisten en beber Cherry Coke y comer un helado Dairy Queen de postre.

¿Ha pensado en la diferencia entre las personas que eligen vivir a todo dar y las que tienen un elevado patrimonio neto?

El primer grupo puede ganar salarios fantásticos, pero gastan su dinero tan rápido o más rápido de lo que les entra. A pesar de sus ingresos, siempre están sin dinero. El segundo grupo puede ganar mucho menos, pero debido a que son prudentes con sus ganancias, son capaces de ahorrar y alcanzar la seguridad económica. La mayoría de los millonarios de la actualidad no compran en Saks Fifth Avenue ni en Neiman Marcus. Prefieren cadenas más modestas e independientes. Ésa es la actitud que los convirtió en millonarios.

¿Gasta usted más de lo que gana en el empeño de impresionar a los demas? Si usted es una de esas personas se está comportando como alguien que compra un disfraz de Halloween que no puede costear (uno que fácilmente podría haberse hecho en casa) para luego salir a pedir caramelos. Y cuando llega la noche, no ha ganado nada y ha perdido todo su dinero.

Segunda razón: Obsesión de poseer

La segunda razón por la que la gente puede perseguir una prosperidad ilusoria es el haber adoptado un sentido de merecimiento propio. Han decidido que, puesto que todo el mundo disfruta la gran vida, ellos también deben disfrutarla. Sienten que merecen lo mejor, puedan costearlo o no. Uno podría decir que padecen la «obsesión de poseer». Las palabras *ahorro* y *sacrificio* no forman parte de su vocabulario. Es una manera miope de administrar su dinero y su vida.

Me acuerdo de una mujer a quien conocí, en el pináculo de su carrera, que escogía tan solo los lujos más refinados, usaba la más extravagante ropa de diseñadores y viajaba en las más grandes limusinas. En tres cortos años se acabó su carrera. Su ingreso anual descendió de 2 millones de dólares al año a cero. Esta mujer se enfermó y terminó en un hospital. Desafortunadamente, se había olvidado de planificar para el futuro, no tenía ahorros de ninguna clase ni tampoco seguro de salud y tuvo que recurrir a la ayuda del Estado. Cuando murió era prácticamente una desamparada. Se trata de una historia triste y frecuente, pero no tiene por qué ser la suya.

La animo a que examine sinceramente su actitud hacia las posesiones y el dinero. Si está tomando decisiones económicas basándose en la idea de que usted merece algo, puede estar conduciendo a su familia por la senda de la obsesión de poseer. La insto a dar media vuelta y regresar antes de que se precipite por un barranco. Si evalúa sin contemplaciones cada compra que quiera hacer y toma su decisión basada en la necesidad más que en el sentimiento de que se lo merece, estará encaminándose por la senda correcta.

Tercera razón: Tratar de llenar un vacío

La tercera razón de que mucha gente persiga o intente mantener una ilusión de prosperidad es el intento de llenar un vacío en nuestra vida. Algo nos falta en el alma y en el corazón. Tal vez tenemos una pobre opinión de nosotros mismos y por eso intentamos realzar nuestra propia imagen a través de las compras. Podemos estar avergonzados de nuestra situación económica y gastamos dinero en artículos que no podemos costear con la esperanza de ocultar temporalmente esa vergüenza. Tal vez estamos solos y desconsolados. Y todos conocemos a personas que intentan reemplazar el inapreciable don del tiempo con cosas materiales. En una familia que haya pasado por un divorcio, puede sucederle a un padre que ya no está en el hogar o a una madre que se siente culpable de la ausencia de ese padre.

Conozco a una pareja con dos hijos adolescentes. El padre es un maniático del trabajo y con frecuencia les compra regalos a sus hijos en un intento de compensar su ausencia en celebraciones especiales. En una ocasión hizo que la familia cambiara la fecha de una fiesta de cumpleaños para que él pudiera buscar una oportunidad de trabajo, aunque su familia tenía suficiente dinero para disfrutar de una vida lujosa.

El dinero y las cosas que éste puede comprar nunca son la respuesta a una pena o necesidad emocional profundas. Jesús dijo: «Absténgase de toda avaricia; la vida de una persona no depende de la abundancia de sus bienes» (Lucas 12:15). Jesús dijo también: «Ningún sirviente puede servir a dos patrones… Ustedes no pueden servir a la vez a Dios y a las riquezas» (Lucas 16:13). Cuando andamos detrás del dinero y creemos que resolverá todos nuestros problemas, estamos ciertamente permitiendo que el dinero se convierta en nuestro patrón. Estamos poniendo nuestra fe en algo que al final nos abandonará. Debemos hacer que el dinero nos sirva, no al revés.

Creo que estas tres cosas —las falsas impresiones, la obsesión de poseer y el intento de llenar un vacío— son las razones más comunes que llevan a la gente a buscar ilusiones de prosperidad, si bien no son las únicas causas de los problemas económicos de las familias. Algunas personas le temen al dinero. Yo solía temerle. No invertimos porque tememos perder nuestros ahorros y terminamos perdiendo oportunidades. Algunos de nosotros se sienten tan desalentados con su situación económica que se rinden ante cualquier cosa que les plantee un cambio y ni siquiera lo intentan. Otros simplemente parecen haberse hecho adictos a gastar de manera compulsiva. En cualquier caso, nosotros y las personas que amamos sufrimos las consecuencias. Pero no tiene que ser así. Sepa que yo entiendo esto porque estuve en esa situación.

La actitud correcta

Cuando se trata de problemas económicos, la mayoría de la gente cree que el dinero resolverá sus problemas. Piensan cosas tales como si sólo pudiera conseguir ese nuevo empleo con un mayor salario… o si mami me prestara algún dinero… o si ese boleto de la lotería saliera premiado esta vez, entonces volveríamos a encarrilarnos. Si su tendencia es gastar cada dólar que entra, por cualquier razón, la entrada de más dinero nunca resolverá nada. Siempre estará rapiñando para arreglárselas, siempre estará batallando con las deudas y siempre estará viviendo de un pago en otro. O algo tal vez peor, enseñándole a sus hijos a hacer lo mismo.

De niña aprendí el valor de un dólar y la satisfacción de tener mi propio dinero. Por tres años y medio hacía un recorrido repartiendo el periódico y ahorraba veinte dólares al mes en una cuenta de ahorros. Esos ahorros me permitieron tomarme un mes de descanso antes de empezar un nuevo trabajo y con el tiempo hicieron posible que me comprara mi primer auto.

Unos pocos años después, al tener algún éxito en mi carrera

de modelo y empezar a tener un ingreso, comencé a prestarle menos atención a los ahorros. Compré un elegante condominio en la playa, lo cual le añadió a mis gastos el pagó de una altísima hipoteca. Mirando retrospectivamente mi vida, podría haber hecho una mejor inversión comprando una casa o una propiedad para alquilar lejos de la costa. Eso me habría dado posibilidades de ingreso en caso de emergencia. Pero no... me encantaba la playa y escogí la playa. Un inversionista prudente podría haberse preocupado, pero yo no estaba preocupada. Esa falta de disciplina tuvo sus consecuencias el día en que me astillé una rodilla mientras esquiaba. De repente me encontré enyesada y sin empleo. Mis ahorros eran demasiado magros para cubrir mi lujosa vida en la playa. Ningún banco estaba interesado en prestarle dinero a una modelo pasadita de edad (a los veinticinco años ya estaba sobrepasando el límite de edad) en muletas. Finalmente, una compañía de finanzas accedió en darme un préstamo —con una altísima tasas de interés.

Esa experiencia fue una importante lección para mí. Me enseñó la importancia de vivir por debajo de mis medios más bien que a su altura o por encima de lo que podía costear. Volví a la filosofía que había funcionado tan bien cuando repartía periódicos: me cercioraba de separar una porción específica de mi dinero todos los meses. No tardé en volver a disponer de un fondo de emergencia, uno que aliviara mis preocupaciones sobre el futuro. Eso me sirvió varios años después, cuando enfrenté otra dificultad económica. En ese tiempo nuestra compañía hacía la mayoría de sus negocios con un importante minorista que se declaró en quiebra e hizo que nuestras finanzas se fueran en picada. Tuve que usar mi casa y otras bienes personales para mantener a nuestra compañía y a nuestros treinta y siete empleados a flote. No habría podido hacerlo si mi propia economía no hubiera estado en orden.

En el resto de este capítulo, me gustaría ofrecerle unas cuantas estrategias de probada eficacia que la ayudarán a controlar la situación económica de su familia. Cada una de ellas es efectiva por sí misma. El conseguir más dinero y aprender a administrarlo no es la única solución. La clave para que usted y su familia logren el éxito económico sólo puede encontrarse en mantener una relación sana con el dinero. Recuerde, usted es el ama de su dinero no su esclava. Cuando estemos dispuestas a dejar de perseguir ilusiones, a romper cualquier lazo emocional que nos induzca a gastar y a lograr que el dinero trabaje para nosotros, entonces, queridas mamás, estaremos encaminadas.

Auténticas soluciones

PROBLEMA: Nuestras vidas están tan ocupadas que sólo hago el balance de mi chequera cuando llega el estado de cuentas por correo. ¿Es eso tan malo?

SOLUCIÓN: Haga un plan económico.

Es mejor hacer el balance de su chequera cada vez que expide un cheque. Usted preguntaba si es tan malo esperar que llegue el estado de cuenta del banco. No es cuestión de que sea algo «malo». De cierto modo, es peor que malo: ¡es peligroso! Podría verse metida en un gran lío. Podrían rebotar cheques accidentalmente. Estos desastres con su presupuesto, afectan su calificación de crédito y, en casos extremos, hasta pueden enviarla a la cárcel. Cuando yo tenía diez años, en una de mis primeras aventuras empresariales, alguien me dio un cheque de dos dólares que no tenía fondos y yo cambié unas galletitas recién horneadas por los servicios de un amable detective privado. Él me ayudó a recuperar mi dinero. Las personas que me dieron el cheque fueron amables —y se sintieron avergonzadas. Sin duda, no se preocupaban por sus finanzas.

Es asombroso que haya tanta gente que no sepa exactamente lo que gasta, cuánto dinero tiene y cuáles son sus objetivos económicos para el futuro. Para administrar bien sus finanzas, es vital que se ajuste a un presupuesto y establezca un plan económico. Si está casada y su esposo es el que administra su dinero, es igualmente importante para usted saber cuál es su situación financiera, si se enfrenta a deudas o dispone de activos. De esa manera estará preparada para cualquier cosa que ocurra.

Si nunca se ha ajustado a un presupuesto, empiece ahora. Puede elegir de una abundante información disponible que le explica cómo empezar y le ofrece algunos presupuestos de muestra. Por su cuenta, puede empezar poniendo por escrito sus gastos y dividiéndolos en categorías: ahorros, casa, cuidado de los niños, seguro, transporte, entretenimiento, ropa, etc. Puede sorprenderse de ver lo que gasta en ciertas áreas en comparación con otras. ¿Sirven sus gastos para apoyar o para sabotear su prioridades y objetivos? Lo que hacemos tiene un mayor impacto en nuestras vidas de lo que decimos. Una vez que tenga una idea clara de cuánto gasta en algo *versus* lo que gasta en otra cosa, se dará cuenta de que está en control de la situación. ¡Haga su plan y ajústese a él!

Tan importante como hacer un presupuesto es saber la apariencia que usted quiere que tenga su plan económico en el futuro. Recientemente hablaba en una conferencia sobre empresarismo. Capté la atención del público al decir: «dinero, dinero, dinero, todo el mundo dice que quiere más dinero. ¿A quién aquí le gustaría tener más dinero? ¡Puede obtenerlo ahora mismo!». Inmediatamente la mayoría de las personas que se encontraban en la sala levantaron la mano. Me dirigí a un hombre que se encontraba en la primera fila y le entregué un billete nuevecito pero de poco valor. «¿Es esto lo que usted tenía en mente?», le pregunté. Él miró decepcionado, movió la cabeza y dijo amablemente «no». «Usted dijo que quería más dinero», proseguí, «y ahora tiene más dinero». El problema para este hombre, como para muchos de nosotros, es que no fue específico respecto a lo que quería. Sólo quería «más».

Tuve una experiencia muy diferente cuando hablé en 2007 en las Naciones Unidas a un grupo de jóvenes invitados por la

Asamblea Internacional de la Juventud. El tema de esta conferencia anual era el empresarismo social y estas personas, desde adolescentes hasta adultos de treinta años, estaban muy conscientes del poder y el potencial de cada dólar. Muchos de estos jóvenes líderes venían de países en desarrollo. Estaban usando su entusiasmo y su dinero para comprar pozos limpios y agua potable que necesitaban desesperadamente; para desarrollar y apoyar programas que promueven la capacitación de las mujeres; para invertir en organizaciones no lucrativas que combaten el VIH/SIDA y para trabajar in situ con el objetivo de combatir el paludismo y el hambre y descontaminar el medio ambiente. ¿Cuál era su agenda? Cambiar el mundo. Tenían metas y planes para llevarlas a cabo. Me quedé muy impresionada con estos jóvenes. Oro por su continuo éxito. Ellos saben que un sueño sin un plan específico y un calendario es sólo una alucinación. Saben que un proyecto económico bien concebido puede cambiar vidas para siempre.

Para ayudarla a establecer y lograr sus metas económicas, la animo a considerar, cuando pueda costearla, la ayuda de expertos en finanzas. Cuando su auto se rompe, ¿no va usted al mecánico? No se sienta culpable ni avergonzada. Arreglar sus finanzas es más importante que reparar un auto, aunque a veces estemos renuentes a buscar la ayuda que necesitamos. ¿Por qué? Podemos sentirnos avergonzados de nuestra ignorancia en materia de finanzas o de nuestra situación económica. Si ése es su caso, no se inhiba. Todos hemos pasado por eso. La vergüenza respecto al dinero es destructiva. El costo de un poco de vergüenza será mucho menor de lo que ganará al seguir un rumbo económico prudente.

Cuando salga en busca de un asesor económico, verifique cuidadosamente las referencias y nunca firme ningún documento que no entienda del todo. Si no puede costearse un contador público diplomado, consulte a un asesor de crédito de un servicio de asesoría sin fines de lucro. Muchas organizaciones cristianas ofrecen estos servicios sin costo alguno. Y si no puede darse el lujo de comprar este libro, diríjase a mí, a través de la biblioteca de su localidad, a través de su iglesia o en www .kathyireland.com y pondremos un ejemplar a disposición de su biblioteca o de su iglesia.

Mi planificadora de finanzas, quien ha llegado a convertirse en mi amiga, es Miriam Wizman, cuyo consejo aprecio y cuya amistad atesoro. Sin embargo, siempre evalúo su consejo antes de ponerlo en práctica. No importa quién la asesore, siempre debe tomar sus propias decisiones. Es como tener un instructor para conducir. Uno puede aprender mucho de esa persona, pero una vez que mete la llave en el motor de arranque y prende el motor, sólo uno es responsable. Aun si ha obtenido los servicios de un asesor con el que se sienta cómoda, usted debe controlar la dirección de su economía

---

PROBLEMA: Debería poner más empeño para ahorrar. Sencillamente no puedo hacerle frente: es muy difícil.

SOLUCIÓN: Aprenda a sacrificarse.

Créame, sé cuán abrumadas pueden estar las madres y sus familias por las presiones de la vida. Entiendo que haya cosas que usted esté tentada a ignorar, pero meter la cabeza en la arena —como hacen los avestruces— no funcionará en lo que respecta al dinero. Saque la cabeza y fíjese en su economía. Enfréntese al miedo. Haga cambios. Si no los hace, alguien o algo lo hará por usted. Ese algo podría representar la pérdida de su casa, una quiebra, la falta de fondos para su jubilación o cuentas médicas que no pueda pagar. Ése es un precio demasiado caro para jugar a ser un avestruz.

Hágase esta difícil pregunta: ¿está su vida endeudándolo y asesinando su futuro? Si es así, resulta imperativo que deje de esconderse y tome algunas decisiones drásticas. En lo más profundo, sabemos cuando estamos en problemas. A veces intentamos ignorar esa voz interior que nos advierte de la realidad. Dependiendo de sus circunstancias, el hacerse más conservadora respecto a sus gastos podría ser suficiente para volver a un saldo positivo. Tal vez todo lo que necesita hacer son algunas cositas como llevar su almuerzo al trabajo todos los días en lugar de comer fuera. Acaso, al igual que alguien en mi vida a quien quiero mucho, lo que necesita es renunciar a su auto y usar el autobús para sus viajes de ida y vuelta al trabajo, de manera que pueda darle un mejor uso a ese dinero que se gasta en el auto. Con el tiempo, esos pequeños ajustes pueden convertirse en grandes ahorros.

Me encanta la historia de un hombre que nunca ganó un salario de más de $40.000 al año y nunca contó con un empleador que contribuyera a su fondo de jubilación, sin embargo, a la edad de sesenta y cinco años se jubiló con una cuenta de 2,5 millones de dólares. Lo logró viviendo una vida sencilla y frugal. Si usted comienza hoy e invierte menos de diez dólares al día, en cuatro décadas con un rendimiento del 8 por ciento anual será millonaria.

Deje de pensar en el dinero sólo como algo del presente. Necesitará dinero en su madurez. Ahorrar dinero para que sus hijos tengan una educación universitaria es importante, pero la universidad pública también es una opción estupenda. Anime a sus hijos a esforzarse para tener derecho a becas que le facilitarán el acceso a las mejores escuelas. ¿Por qué incurrir en una megadeuda por la universidad de sus hijos antes de saber cómo va a financiar su propia jubilación? La mayoría de los norteamericanos ahorran menos de $10.000 para su jubilación. Si la Seguridad Social se derrumbara, la mayoría de nosotros lo haría también. Usted no querría verse en la situación de encontrarse desamparada en sus últimos años y convertirse en una carga para sus hijos.

Si sus problemas económicos son graves ahora mismo, es hora de que abandone las cosas que creía que eran importantes para ocuparse de lo que realmente importa. Por ejemplo: si vive en una zona con un alto costo de vida y está pagando un alquiler o una hipoteca muy altos, contemple el mudarse para un lugar donde el costo de la vida y el valor de la propiedad inmobiliaria sean más bajos. Es difícil, y en verdad asusta un poco, pero usted puede hacerlo. ¡Y qué bendición a largo plazo será escapar del omnipresente peso de las deudas! Tendrá que hacer algunos sacrificios en el camino hacia un mejor futuro económico, pero, anímese, porque una vez que se comprometa a tomar esas difíciles decisiones, su vida empezará a cambiar antes de que se dé cuenta.

PROBLEMA: No puedo mantener al día mis pagos de tarjetas de crédito —de hecho, me retraso todos los meses.

SOLUCIÓN: Levante el teléfono.

Ya hemos abordado unas cuantas lúgubres estadísticas acerca de las deudas de tarjetas de crédito. Permítame compartir una más: según la Reserva Federal, aproximadamente el 60 por ciento de los usuarios de tarjetas de crédito en Estados Unidos no pagan la totalidad de sus saldos cada mes[2]. Eso significa que millones y millones de familias norteamericanas arrastran lo que yo llamo la «deuda enemiga»: es decir, una deuda con una entidad crediticia por gastos que probablemente no tenían valor duradero y que se acrecienta a una tasa de interés con frecuencia de entre el 18 y el 23 por ciento, ninguna de las cuales es deducible de impuestos. Esa no es la situación en la que usted se quiere encontrar.

¿Es la suya una de esas millones de familias norteamericanas? Muy bien. Enfrentémoslo y empecemos a calcular qué hacer al respecto. Yo recomiendo los cinco pasos siguientes:

1. *Levante el teléfono y marque el número de la compañía de su tarjeta de crédito.* Explique que tiene problemas económicos y pídales que le reduzcan la tasa de interés. ¿Le intimida mucho hacer eso? Recuerde, las compañías de tarjetas de crédito no quieren que usted llegue a hundirse tanto económicamente que la lleguen a perder como cliente. Recientemente visitaba a una amiga que me dijo que pagaba un 23 por ciento de interés en una deuda de tarjeta de crédito. Yo le dije: «¿Qué haces? La hice levantar el teléfono —marqué el número de su compañía de tarjeta de crédito— y le dije que explicara lo que necesitaba. Finalmente su llamada llegó a una supervisora a la que mi amiga le confió que no podía hacer frente a los pagos según la tasa actual. Luego de estar quince minutos en el teléfono, su tasa de interés fue reducida del 23 al 8 por ciento. Ocho veces de cada diez, eso será lo que ocurrirá si usted lo pide.

2. Si es propietaria de una casa, tome una línea de crédito sobre la plusva-lía de su propiedad y transfiera sus deudas de tarjetas de crédito. Proba-blemente obtendrá una tasa de interés más baja que además será deducible de impuestos.

3. Explore el modo de ingresar fondos adicionales para pagar sus deudas. Si explota al empresario que lleva dentro, descubrirá toda clase de posibilidades. Tal vez puede organizar una venta en su patio. Tal vez tiene objetos que le podrían dar ganancias si los subasta en *eBay*. Si usted es una mamá que se queda en casa, ¿podría cuidar los hijos de algunas de sus amigas o encargarse de los proyectos de costura de algunas vecinas? Contemple el solicitar un préstamo de sus ahorros de jubilación y luego re-embólsese usted misma en lugar de pagarle a una compañía de tarjetas de crédito.

Otra opción es tomar un segundo empleo de jornada par-cial. No creo que nadie deba trabajar las veinticuatro horas al día los siete días de la semana, especialmente las madres atareadas y sus familias. El costo para su matrimonio y las rela-ciones con sus hijos puede ser demasiado grande. Sin em-bargo, éste puede ser el momento en que necesite aumentar temporalmente sus horas de trabajo para eliminar la deuda enemiga. Sea cual fuere el trabajo que realice, si constituye una de sus pasiones y se cuenta entre los dones que Dios le dio, en-contrará que puede hacerlo casi sin esfuerzo. Si sueña con llegar a tener algún día su propia empresa de servir comidas, trabajar en ese giro puede ser interesante y un gran paso en esa dirección. Si el diseño de modas es su pasión, trabajar en una tienda de ropas podría proporcionarle una alegría. Si todo esto falla, usted podría llegar a darse cuenta que le apasiona cuidar y alimentar a su familia. Su realización personal puede depender de saber que está sirviendo a sus seres queridos.

Greg, mi marido, una persona que me sorprende y de la que me enorgullezco, es médico de una sala de urgencias. A él le encanta pescar. Hace unos cuantos años decidió que la pesca podría ser un medio de aportar algún dinero adicional para algunas de las organizaciones no lucrativas que ayudamos. Greg adquirió una licencia de pesca comercial y convirtió un entretenimiento placentero en una empresa rentable.

Por supuesto, si usted tiene un empleo regular, una de las formas obvias de acrecentar sus ingresos es la de pedirle un aumento a su jefe. Muchas personas rechazan esta idea porque temen una negativa. No saben cómo negociar un aumento del poder adquisitivo. Le daré una pista: nunca le diga a su patrón que necesita un aumento porque tiene problemas de dinero. Eso no es de la incumbencia de su compañía. En lugar de eso, expóngale lo que hace en su trabajo, explíquele el valor de su desempeño, compare su salario actual con el salario que recibiría en otra compañía y pídale un ajuste. Si rechazan su petición, pregunte los pasos a seguir para obtener el tipo de aumento que busca. Concierte una reunión evaluativa de su desempeño laboral para tratar el asunto otra vez. Hágale notar amablemente a su empleador que usted se propone hacer un magnífico trabajo y que espera que le paguen adecuadamente por él. En los negocios como en la vida uno con frecuencia no obtiene lo que merece, sino lo que negocia.

4. Haga todo lo posible para pagar más que la cuota mínima mensual de sus tarjetas de crédito. Mi papá nació en Inglaterra, y los ingleses llaman a la cuota mínima el «plan de nunca-jamás» porque uno nunca termina de pagar. La única manera de ganar terreno es aumentando el monto de esos pagos mensuales o, algo mejor aun, hacer pagos dos veces al mes. Y cerciórese de no pasar por alto un pago —un solo cheque tarde puede aumentar su tasa de interés y reducir su calificación de crédito, lo cual determina su posibilidad de obtener una hipoteca o un préstamo para cualquier propósito a la menor tasa de interés disponible.

5. *Conviértase al efectivo.* Si ninguno de los métodos anteriores resulta suficiente, es hora de convertirse a un sistema de transacciones en efectivo y de guardar sus tarjetas de crédito bajo llave en un lugar distante y seguro donde sólo puedan usarse para emergencias (las cuales no incluyen, desde luego, el invitar a una amiga a almorzar por su cumpleaños). Aun mejor, corte esas tarjetas en pedacitos de manera que ni siquiera sienta la tentación de usarlas. Le resultará doloroso y le traerá algunos inconvenientes; pero si persevera, está garantizado que funciona. Como dice el conferencista inspirador Anthony Robbins «la determinación es la voz "de pie" de la voluntad humana».

Una nota adicional: a menos que no tenga otra alternativa, no piense en la quiebra como una solución para sus problemas de deudas. La gente hoy renuncia demasiado fácilmente a sus compromisos. Es como si todo fuera desechable. Cuando usted pide dinero prestado o incurre en deudas, está contrayendo un compromiso de saldar esa deuda. Como dijo Jesús en la Biblia. «Cuando ustedes digan "sí", que sea realmente sí; y cuando digan "no" que sea no» (Mateo 5:37). Hay excepciones a esta regla, por supuesto: una factura médica devastadora, una muerte en la familia que altera drásticamente sus circunstancias económicas o una situación en la que usted es víctima de fraude. No obstante, estos eventos son raros. Cuando usted deja de cumplir sus compromisos económicos, lesiona algo más que su calificación de crédito. La quiebra destruye su reputación y la confianza en usted misma. La mayor parte de las veces es una solución deficiente.

Si se enfrenta a la posibilidad de perder su casa, negocie con la entidad crediticia del mismo modo que lo haría con una compañía de tarjeta de crédito. Los prestadores no quieren su casa, quieren dinero. Los avisos de ellos la asustan y su silencio los asusta a ellos. Llame por teléfono o acuda personalmente a la sucursal más cercana de la entidad crediticia y converse con sus prestadores. Desde tarjetas de crédito a préstamos de autos, negocie y renegocie. Es sensato. Se trata de la supervivencia.

PROBLEMA: ¿Cómo puedo siquiera pensar en invertir cuando apenas me las arreglo para vivir?

SOLUCIÓN: Comience en donde está.

Uno de los elementos más importantes de cualquier plan económico es una estrategia para crear ahorros e inversiones. Mis conversaciones con madres de todo el país, tanto en persona como por correo electrónico, me recuerdan a diario que las mamás ya sienten que están rapiñando hasta el último centavo para arreglárselas. Cuando dije antes en este capítulo que reservo una porción de mis ingresos todos los meses, podría casi oír la respuesta: «Eso resulta fácil para usted, Kathy, pero nosotros todas las semanas nos quedamos en los huesos. ¡Yo no tengo nada que invertir!».

Créame, entiendo cuán difícil es invertir. He sido testigo de asombrosos niveles de pobreza. Mientras crecía en California, observaba a los obreros agrícolas que trabajaban horas y horas al sol por casi nada. Yo tenía menos de diez años cuando participé en piquetes de protesta y asistí a manifestaciones con César Chávez para apoyar los empeños sindicales de mi padre de ayudar a los obreros a recibir un trato justo, incluidas las instalaciones sanitarias. Resulta arduo concentrarse en ganancias a largo plazo cuando una no está segura de tener dinero para los víveres del sábado. Sin embargo, si es paciente y asume la responsabilidad de planificar para el futuro de su familia, puede cambiar significativamente sus circunstancias financieras.

La clave consiste en empezar en el punto donde se encuentra. Una estrategia básica es reservar una moneda de diez centavos por cada dólar de ingreso. Si diez centavos es demasiado, pruebe con cinco centavos o incluso con un centavo. Algunos meses usted puede ganar más y disponer de cien dólares o de mil dólares para guardar en una cuenta de ahorros. Otros meses, puede estar más cerca de los diez dólares. Lo importante es que usted pueda ir acrecentando sus ahorros para después usarlos en inversiones rentables.

Cuando se encuentre en situación de invertir esos ahorros, la palabra que debe recordar es *diversificar*. ¿Se acuerda de la importante empresa minorista que mencionaba que fue a la quiebra y afectó completamente las finanzas de nuestra empresa? En ese tiempo dependíamos demasiado de un solo socio. No habíamos aprendido aún —yo no había aprendido—

a diversificar. Usted puede considerar invertir en bienes raíces (que siempre es un negocio lucrativo, especialmente en un mercado deprimido como hemos experimentado recientemente), la bolsa, los fondos comunes de inversión y los bonos municipales. Esté dispuesta a contemplar la «deuda amistosa», lo contrario a la deuda enemiga que mencionaba antes. Se incurre en una deuda amistosa cuando usted invierte en algo, con frecuencia una propiedad inmobiliaria, que se espera que aumente de valor con el paso del tiempo. Sí, siempre existe un elemento de riesgo en la inversión, pero cuando usted disemina ese riesgo, hay excelentes oportunidades de que las cosas acaben como usted quiere: con su dinero trabajando para usted.

Una vez que pueda reservar una cierta cantidad de dinero al mes para ahorros o inversiones, tendrá también otras estupendas oportunidades. Por ejemplo, si hace un pago mensual de hipoteca, contemple el aumentar el pago o añadir algún dinero adicional cada año —se sorprenderá cuánto esto reducirá el capital de la deuda. O haga un pago de bonos para un fondo destinado a la educación universitaria de sus hijos. Y no piense sólo en su propia familia. Usted puede hacer mucho bien a otras personas al tiempo que alegra su corazón al poner aunque sea un poco de dinero a trabajar. ¿Existe una organización sin fines de lucro cuya obra siempre ha admirado? ¿Una familia merecedora a la cual usted quiere ayudar? Al igual que las ondas que produce un guijarro lanzado a una laguna, su generosidad puede propagarse en tantas direcciones que usted nunca llegará a saber cabalmente a cuántas personas ha ayudado y ha alentado. Cuando uno da, pierde el temor al dinero y lo convierte en gozo.

Debo añadir que, debido a mi fe, el diezmar es muy importante para mí. Mucho dice la Biblia acerca del dinero y la generosidad, incluido este mandato: «Cada año, sin falta, apartarás la décima parte de todo lo que produzcan tus campos» (Deuteronomio 14:22). Creo que todas las cosas, incluido el dinero, pertenecen a Dios. La insto a que ore y lea la Palabra de Dios para ver lo que dice al respecto. Creo que Dios bendice a las personas de maneras diferentes en momentos diferentes de sus vidas. Dios es fiel a Sus promesas. Él ya nos ha bendecido. Él lo ve todo, incluida nuestra obediencia a Él.

PROBLEMA: Me gustaría dar, pero mis ingresos no me lo permiten. Incluso si llegara a dar algo, sería una pequeña cantidad. ¿Haría eso alguna diferencia?

SOLUCIÓN: Dé lo que pueda: ninguna dádiva es demasiado pequeña.

Cuando conversé con los jóvenes en las Naciones Unidas, abordamos ocho Objetivos del Milenio para el Desarrollo que van desde reducir a la mitad la extrema pobreza hasta proporcionar educación primaria universal y reducir la propagación de enfermedades devastadoras. Para llevar a cabo estas iniciativas, muchos de nosotros nos veremos obligados a salir de nuestras zonas de comodidad. Eso está bien. Nuestro confort es irrelevante. Las tres mil personas que mueren diariamente en África de paludismo no saben nada de confort. Hay que hacer tan poco para marcar la diferencia. Por sólo cinco dólares podemos comprar un mosquitero que protegerá a toda una familia.

Cuando mi marido pesca en su bote, tiene tiempo de pensar mientras espera que los peces muerdan. Hace poco se apareció con un concepto al que le ha dado el nombre de Proyecto del Dólar. Su inspiración fue la parábola de Jesús sobre los talentos, en la que dos siervos hacen inversiones prudentes con el dinero de su señor y lo aumentan. Se les compara con un tercer siervo, que entierra el dinero y no gana nada (Mateo 25:14–30). La idea de Greg era enseñar a los niños a ser emprendedores y a servir al ahorrar un dólar y usarlo para hacer un cambio positivo en el mundo.

Éste es también un estupendo proyecto para adultos. Me sentí entusiasmada por el reto —de hecho la idea genial comenzó a desvelarme de noche. Recurrí a esa gran herramienta de búsqueda que es la Internet. Cuando escribí las palabras «one dollar nonprofit developing countries» e inicié una búsqueda, me quedé atónita de los resultados. Terminé por elegir una compañía llamada Tiny Stitches, localizada en un pueblito de Georgia. Con un dólar se puede comprar aguja e hilo para poner en manos de una costurera talentosa que hace mantas y ropa para bebés necesitados.

Usted *puede* ser generosa sin comprometer su propia estabilidad económica —basta con que no se deje manipular en dar más de lo que quiere. Aprenda a dar sin condiciones. Dé gratuitamente; una donación con expectativas es un soborno. Existen muchas oportunidades de ayudar a otros. Sólo debemos abrir los ojos y dar con el corazón.

PROBLEMA: Lo reconozco, soy una compradora impulsiva. ¡A veces mi chequera parece tener una mente propia! ¿Puede ayudarme?

SOLUCIÓN: Indague antes de comprar.

Especialmente con la llegada de la Internet, no hay ninguna razón para hacer compras impulsivas sin haber investigado antes sobre el producto que quiere comprar. Lea las reseñas. Hable con amigos. Pregúntese a sí misma, ¿quiero este producto por su calidad o por su marca? ¿Lo necesito realmente? ¿Puedo comprarlo usado? Nadie cree en el concepto de marca más que yo. Algunas marcas prometen, «compre este producto y descubrirá un nivel de lujo que cambiará su vida». Nuestra marca en Kathy Ireland Worldwide se ha creado en torno a los conceptos de costo accesible, utilidad práctica y calidad. Un poco de indagación y reflexión acerca de lo que compra y el por qué la convertirá en una consumidora mucho más prudente.

La misma estrategia se aplica a la inversión. Gracias a una ley de 2002 llamada la Sarbanes-Oxley, las corporaciones públicas deben ser más transparentes que nunca respecto a su situación financiera. Cuando contemple invertir en una empresa, entérese de todo cuanto pueda respecto al historial, prácticas financieras y desempeño de esa compañía. Haga lo mismo con otras inversiones que tenga en mente, ya se trate de bienes raíces, la bolsa o un certificado de depósito. Su indagación no le garantiza el éxito, pero le dará una idea mucho más clara de cuáles compañías e inversiones son más estables y tienen la mayor probabilidad de desempeñarse bien en el futuro. El conocimiento que usted adquiere, incluso de una pérdida, puede darle el discernimiento que necesita para obtener altos rendimientos de su dinero durante años.

Aun después de la indagación es probable que haya ocasiones en que perdamos dinero. Yo he perdido dinero en el pasado y seguramente me volverá a ocurrir. La clave es ganar más a menudo de lo que perdemos. Las inversiones, sociedades y compras no siempre son exitosas. En el fracaso, agradezca lo que ha aprendido a cambio de su dinero y avance hasta la próxima oportunidad.

PROBLEMA: Creo que podría tener un seguro, pero siendo sincera, ni siquiera tengo idea de por cuánto o de qué clase. ¿Qué debo hacer?

SOLUCIÓN: Proteja a su familia y su dinero.

Como madre o padre, es extremadamente importante que garantice el bienestar de su familia mediante la obtención de un seguro de salud, seguro de vida y ahorros para su jubilación adecuados. Debido al creciente costo del cuidado de la salud y de las primas de seguros, actualmente millones de norteamericanos no están asegurados. Entiendo el problema. También sé que estas personas están corriendo un gran riesgo para ellas y sus familias. En lo que respecta al seguro de salud, no creo que nadie pueda estar asegurado en demasía. Indague y compare tasas y planes de cobertura. Hable con amigos que hayan hecho lo mismo. Cualquier cobertura, aun si es a través de un programa coordinado con el estado, es mejor que ninguna.

Haga lo mismo con los seguros de vida y los planes de jubilación. Investigue. Convérselo con su asesor de finanzas si tiene uno. Fíjese en las condiciones de los seguros de vida y determine cuál puede estar más a su alcance. Si usted tiene un plan 401(k) en el trabajo que incluye un programa de equiparación de fondos por parte de su empleador, contemple el abrir un IRA. Esté al tanto de cómo se invierte el dinero para su jubilación. No pierda de vista sus inversiones. Empiece por donde pueda y sepa que con el tiempo su inversión inicial irá creciendo por sí misma.

No es suficiente, sin embargo, comprar estos planes de seguro y jubilación. Debe estar atenta en comparar continuamente las tasas y los planes y cerciorarse de que le están cobrando y acreditándola adecuadamente. ¿Sabía usted que si el gobierno comete un error y reduce su fondo de la Seguridad Social, esto no puede corregirse después de cuatro años? ¿Conoce su calificación de crédito de la *Fair Isaac Company* (FICO por su sigla en inglés), que determina su capacidad de pedir préstamos? Es su dinero y es su responsabilidad. Luego, haga todo lo que pueda para protegerlo.

PROBLEMA: Soy una madre que trabaja, pero usualmente confío en que mi marido se ocupe de nuestro presupuesto y tome todas las decisiones económicas. No me siento cómoda administrando el dinero. ¿Qué piensa sobre esto?

SOLUCIÓN: Intégrese al equipo económico.

La respuesta más breve es ¡no! Todas las madres trabajan, les paguen o no. Ser un ama de casa no nos hace ignorantes con respecto a asuntos de dinero. Y ser una madre que trabaja fuera del hogar no nos inviste mágicamente de sabiduría económica. Algunas de nosotras tenemos una tendencia a evitar los asuntos económicos por muchas razones. Creemos que no tenemos suficiente experiencia en el manejo del dinero. Tememos ser más emotivas que analíticas. Simplemente estamos demasiado ocupadas. Creemos que si nuestro marido es el que aporta más dinero al hogar, debe ser él quien controle la economía de la familia.

Algunas madres no tienen esa opción. Como miles de madres solteras ya saben, la mayoría de las madres son más que capaces de tomar decisiones económicas prudentes y de llevar un presupuesto.

No estoy diciendo que usted debe tratar de sacar a su pareja del cuadro financiero. ¿Por qué no trabajar como un equipo? La insto a que usted y su marido se sienten juntos cuando llegue el momento de pagar las cuentas y tomen las decisiones económicas mancomunadamente. Discutan cualquier problema que surja. Cada uno de ustedes tendrá una valiosa contribución que hacer y es un proceso que conducirá a mejores opciones económicas y a perfeccionar la comunicación en su matrimonio.

PROBLEMA: Soy una madre recién divorciada con dos hijos. Me gustaría hacer una carrera a largo plazo para respaldar económicamente a mis hijos. Como mujer en un mundo dominado por hombres, ¿es eso posible?

SOLUCIÓN: No se limite.

Cuando sus responsabilidades diarias como madre incluyen cambiar pañales o preparar las comidas de la familia, puede resultar difícil imaginarse dirigiendo un equipo de talentosos profesionales o tomando la delantera en una nueva aventura empresarial. Pero yo digo, ¿por qué no? Ya usted es una ejecutiva de primer orden en su casa. Tiene destrezas y capacidades que no han sido descubiertas todavía. No crea el mito de que no podemos triunfar en carreras de alto nivel ni lograr el éxito económico. Eso no es más que una estridencia sexista. Me acuerdo que cuando empecé en mi empresa un hombre me dijo que yo no podía tener un legítimo interés en los negocios. Él pensaba que sólo quería «hacer unos cuantos pesos y hacer unos cuantos bebés». No sé dónde está ese hombre hoy. Tampoco me sorprendió cuando su compañía tuvo que cerrar. Usted *puede* tener éxito. Usted *puede* realizar sus sueños. Está muy bien que convierta el alcance de esos objetivos en una prioridad, pero para mí no constituyen *la* prioridad —creo que la fe y la familia deben anteponerse siempre. Y como ya hemos planteado, hacer dinero simplemente para adquirir más cosas no es una manera sana de enfocar la vida. No obstante, no veo ninguna razón para que se limite en las áreas profesionales y de finanzas. ¡Inténtelo!

He tenido la dicha de conocer a dos mujeres que han logrado un extraordinario éxito como empresarias y que son pioneras en el campo de imponer sus propia marcas. Martha Stewart recurrió a su experiencia en servicio de comidas, remodelación de casas, cocina y jardinería para establecer una empresa de amplio espectro que la ha convertido en uno de los nombres más conocidos de Estados Unidos. Cuando Martha fue a prisión, la prensa llamaba a nuestra oficina constantemente en busca de comentarios. «¿Está Martha acabada?» preguntaban los titulares. ¡De ninguna manera! Martha no le prestó atención al escándalo, cumplió su sentencia, salió de prisión y gastó 50 millones de dólares en acabar de comprar la empresa Emeril. Martha siempre está presta a cambiar. Es sorprendente. Por eso sigue adelante.

Jaclyn Smith llegó a ser muy conocida como una consumada actriz popular. Cuando yo era más joven, disfrutaba viéndola combatir a los malos y ganar todas las semanas en el programa *Charlie's Angels*. Años más tarde lanzó su propia marca, extraordinariamente exitosa, de ropa de mujer y, tiempo después, de muebles para el hogar. Me sentí muy honrada cuando a nuestro equipo de KIWW lo invitaron a compartir nuestra experiencia y asesoría con Jaclyn cuando ella nos siguió en el mercado doméstico.

Éstos no son más que dos ejemplos de líderes que rechazaron la idea de que las mujeres no pueden prosperar en los negocios. Para mí, ambas pioneras son mentoras que demostraron que una puede cambiar de carrera de un modo brillante y exitoso a mitad de su vida. Martha y Jaclyn no dejaron que la edad, la familia o la discriminación fueran barreras y, si se fija, encontrará muchos más ejemplos de madres que aprovechan las oportunidades.

Reconozco que cuando nuestro gran socio minorista se fue a la quiebra, estaba asustada de dejar el nido y salir por mi cuenta a entablar miles de relaciones comerciales en lugar de una sola. Sin embargo, en la actualidad nuestra compañía es más exitosa de lo que jamás imaginamos. Con la ayuda de Dios y el apoyo de nuestro equipo y nuestros socios, estoy aprendiendo a volar —y usted también puede hacerlo.

Estoy al tanto de una querida amiga y madre a quien aprecio mucho que tiene muchas carreras: actriz galardonada con un Oscar, creadora de un perfume, coleccionista de arte y de joyas, diseñadora, empresaria y, lo más importante de todo, filántropa en un mundo cambiante. Elizabeth Taylor tenía unos centelleantes sesenta años cuando lanzó su marca de perfume *White Diamonds*. Dieciséis años después, descuella aún en esa industria y las celebridades acuden a copiar lo que ella hace a diario. Todos los días muchas más mujeres líderes se destacan, y usted puede ser una de ellas.

PROBLEMA: Me doy cuenta de que no le he enseñado a mis hijos nada acerca del manejo del dinero. ¿Qué debería hacer primero?

SOLUCIÓN: Empiece por los rudimentos de la economía.

Si su familia es como la mayoría de las familias norteamericanas, usted probablemente no habla mucho de dinero en presencia de sus hijos, especialmente si se enfrenta con problemas. Puede sentirse avergonzada de su situación y no quiere que sus hijos se preocupen del futuro o de si usted puede costear el viaje con la banda de la escuela la próxima semana. Parte de esa costumbre puede derivarse del hecho de que nuestros padres y abuelos no trataban con nosotros asuntos de dinero. En generaciones anteriores, el tema de las finanzas con frecuencia estaba vedado para los niños.

No le hagamos eso a nuestros hijos. Nunca es demasiado temprano (o demasiado tarde) para educar a los niños en los fundamentos del manejo del dinero. Desde el comienzo, déles a conocer a sus hijos cuál es su situación económica, lo que tiene y lo que puede y no puede darse el lujo de hacer. Déles la oportunidad de ganar dinero tan pronto les sea posible. Convérseles acerca de la importancia de ahorrar y planificar. Cuanto más temprano se arraiguen estos conceptos, tanto mejor le irá a sus hijos de adultos. No se sienta culpable o avergonzada de lo que no tiene. El hacer dinero no la hace una buena madre y el carecer de él no la hace mala.

Erik, nuestro hijo adolescente, se me acercó recientemente con una idea. Tenía el sueño de comprarse un camión algún día. Era una gran oportunidad de hacerle ver cómo funciona la planificación económica. Me senté con Erik y le hice cuatro preguntas: ¿Cuánto cuesta el camión? ¿Qué iba a hacer con él? ¿Cuándo quería tener el dinero en la mano? Y, ¿cómo él iba a ganar el dinero? Conversamos, y su padre y yo lo ayudamos a crear un plan detallado mediante el cual él podía reunir el dinero y alcanzar su objetivo.

No permita que el dinero sea un tema secreto en su casa. Es demasiado importante para usted y sus hijos.

PROBLEMA: Nuestros hijos son expertos en valerse de la culpa y en llevarme a incurrir en compras que no puedo costear. Es que sencillamente me molesta verlos frustrados.

SOLUCIÓN: No ceda ante sus hijos.

Las madres tienden especialmente a ponerse de últimas en los asuntos económicos. Cuando ven que otro miembro de la familia necesita ayuda o quiere desesperadamente algo, pueden sacar el dinero o comprar un regalo que termina siendo un destructor del presupuesto. Este problema es particularmente común cuando los niños participan. «¡Mami, todo el mundo tiene [llene el espacio en blanco]!» es algo que todos hemos escuchado.

La solución es más fácil de decir que de hacer. ¿Cómo no ceder ante sus hijos? Usted debe fijar límites a los gastos de su familia y no dejar que sus hijos la pongan en un aprieto económico. Recuerde, ustedes son sus padres: si comienzan a ceder en asuntos de dinero, es más probable que cedan en otros asuntos vitales, incluso morales. El dinero es un terreno fácil para trazar un límite. Creo también que es peligroso que a los niños se les dé el poder de decidir cómo se han de emplear los recursos económicos de la familia. Cuando eliminamos esos límites, eliminamos la seguridad de nuestros hijos. Ame a sus hijos lo bastante para decir que no cuando sea necesario —y procure las oportunidades para instruirlos acerca del valor de un dólar.

Nos encanta decirle que sí a nuestros hijos, pero hay más de una manera de hacerlo. No es simplemente «sí, puedes tener eso», sino, «sí, puedes comprar eso. No está incluido ahora en nuestro presupuesto, pero cuesta tanto y puedes ganar el dinero para comprártelo». Tal vez sus hijos puedan abrir un puesto de limonada o comenzar un negocio de lavado de autos, cuidar perros, vender alimentos horneados o cortar hierba en los jardines del barrio para ganar el dinero que necesitan.

Debido a los tiempos en que vivimos, estas actividades pueden exigir supervisión adulta. Recientemente, cuando mis hijas Lily y Chloe y yo dejamos desatendido nuestro puesto de limonada durante unos minutos para empezar a empacar, ¡alguien salió corriendo con nuestras sillas! No obstante, ofrecerles oportunidades como éstas a sus hijos tiene muchos beneficios. Ellos podrían descubrir un talento o una pasión ocultos. Podrían aprender a enorgullecerse por sus esfuerzos y a ver la conexión entre trabajo y salario. Ceder ante sus hijos con demasiada facilidad puede en verdad privarlos de su motivación y de muchas lecciones valiosas.

PROBLEMA: En los próximos cinco años enviaré tres hijos a la universidad y no sé cómo voy a pagar todos los gastos. ¿Qué pasa si acabo totalmente con nuestros ahorros para la jubilación?

SOLUCIÓN: Siga comprometida con su futuro.

Muchos padres en la actualidad se preocupan de ahorrar para los estudios universitarios de sus hijos, y hacen bien. El costo de hacer una carrera de cuatro años nunca había sido tan alto. Fíjese en todas las opciones disponibles, tales como 529 planes de ahorro universitarios, becas, préstamos para estudiantes, oportunidades de estudiar y trabajar, y sopese cuidadosamente, comparándolos con los costos, los beneficios de escuelas más caras.

Sin embargo, si se ve obligada a elegir entre costear la educación universitaria de sus hijos y conservar sus planes de jubilación, la insto a que atienda primero a sus propias necesidades. Sus hijos tienen opciones, pero si el dinero de usted se acaba cuando ya no pueda trabajar, ¿adónde acudirá por ayuda económica? Si usted no atiende sus propias necesidades, terminará siendo una carga económica para sus propios hijos.

Un modo de evitar este penoso escenario es simplemente seguir trabajando. Con demasiada frecuencia oigo hablar de personas que se jubilan temprano y no tardan en encontrarse aburridas y faltas de dinero. Cuanto más tiempo usted se mantenga en su carrera, tanto más ahorros de jubilación, pensiones y beneficios potenciales de la Seguridad Social obtendrá. Si no ha ahorrado lo suficiente, necesitará el ingreso y el estímulo mental. Tengo una amiga que está cerca de los ochenta y que comienza regularmente nuevas empresas. Ella nunca se ha aburrido. ¿Por qué no seguir su ejemplo?

No importa cuándo usted planee jubilarse, es importante que le dé a sus planes de jubilación una primera prioridad en sus ahorros. Cuando ese momento llegue finalmente, sus hijos estarán agradecidos de saber que se preparó para el futuro y que no tienen que preocuparse por usted.

Cuestionario evaluativo
sobre soluciones económicas

- [ ] ¿Mantiene una actitud sana respecto al dinero?

- [ ] ¿Tiene un presupuesto y se atiene a él?

- [ ] ¿Tiene seguros de salud, de vida, de vivienda y de automóvil adecuados?

- [ ] ¿Ahorra para su jubilación?

- [ ] Si tiene deudas, ¿sabe exactamente lo que debe y tiene un plan para pagarlas?

- [ ] ¿Ha hecho un testamento y lo mantiene actualizado?

- [ ] ¿Necesita establecer un fondo fiduciario o una voluntad testamentaria?

- [ ] ¿Conversa abiertamente de asuntos de dinero con sus hijos y los instruye en los principios de la economía?

- [ ] ¿Supervisa el estado de sus inversiones y de sus compromisos financieros?

- [ ] ¿Indaga con regularidad en la Internet (o consulta otros medios) para disipar sus temores y expandir sus conocimientos acerca del dinero?

capítulo dos

Todos los hogares necesitan felicidad

Últimamente, parece como si el transcurso de

nuestra vida familiar fuese deprimente y tenso

ya que vivimos una frustración tras otra.

¿Cuál es el mejor camino?

*R*ecientemente, durante una convención sobre muebles en el World Market Center de Las Vegas, nuestro equipo disfrutó de una noche realmente apasionante, rodeados por amigos, familiares, nuestros fabricantes y vendedores. Mi amigo Erik Estrada era el maestro de ceremonias de la fiesta. Mi amiga Anita Pointe encabezaba un concierto para nosotros. Pueden imaginarse mi sorpresa cuando ella dedicó una de sus más emotivas canciones, «Happiness», a Kathy Ireland Home. Me quedé boquiabierta y eso me llevó a pensar que todos los hogares necesitan felicidad.

Cuando usted y el resto de su familia son felices, su día transcurre apaciblemente, sus problemas se resuelven con más rapidez y su vida fluye como un manantial puro y hermoso. Como dijo el campeón mundial de boxeo y empresario George Foreman, «No hay nada mejor que sentirse feliz». La felicidad es algo que queremos y necesitamos con gran urgencia. En la infancia aprendemos acerca de la Declaración de Independencia y la frase «la vida, la libertad y la búsqueda de la felicidad». Los norteamericanos consideramos la felicidad como un derecho inalienable y la buscamos con pasión —pero a menudo, tristemente, sin éxito.

La felicidad parece eludir a muchas familias en la actualidad. Estamos abrumados, mal pagados y sujetos a constante presión, y los resultados en muchos hogares son tensión y conflicto. Demasiados padres e hijos adquieren hábitos destructivos para sobrellevar la vida: bebidas alcohólicas, drogas, actividad sexual inadecuada, dispendio y más. Tanto en éstas como en otras familias menos disfuncionales, la disputa es un modo regular de comunicarse. Las familias acuden a consejeros, terapeutas y líderes religiosos para que medien en disputas entre marido y mujer, entre padre e hijo, entre hermano y hermana, y, no obstante, con frecuencia los conflictos siguen sin resolverse. El divorcio ha llegado a ser, en grado notable, algo común: más de la mitad de los matrimonios actuales se disuelven. En casos extremos, los padres abusan físicamente de sus hijos, lo que se convierte en una tragedia terrible. Pero ¿estamos conscientes de la vulnerabilidad de nuestros hijos al abuso emocional? Un comentario desconsiderado, cruel o sarcástico en un momento desprevenido puede afectar a una joven vida para siempre. Ambas formas de abuso ocurren a diario.

Hace algún tiempo oí una historia que nunca olvidaré. Una mujer describía cuán miserable era su vida con su marido. Cuando le pregunté qué podía hacer ella para mejorar sus circunstancias, la mujer contestó: «Nunca me iré y nunca seré feliz porque mi venganza contra mi marido no es completa». Asusta esta amarga actitud hacia la vida y, probablemente, es más común de lo que nos damos cuenta.

¿Qué estamos haciendo mal? Podemos estar buscando la felicidad, pero no la encontramos. ¿Estamos sacrificando la felicidad de hoy por culpa de nuestros traumas de ayer? ¿Vamos a sentirnos descontentos o, algo aun peor, deprimidos por el resto de la vida? ¿Tenemos que vivir de este modo? La respuesta, por supuesto, es no. En efecto, usted puede sorprenderse de cuán fácil es, luego de pensar estratégicamente por un tiempo, el traer auténtica felicidad a su vida y a su hogar. Siga leyendo y verá lo que quiero decir.

Definir el ser feliz

A estas alturas ya usted probablemente se ha preguntado «¿soy feliz?». Antes de responderse así mismo, le sugiero que se haga otra pregunta mucho más importante: «¿Cómo defino el ser feliz?». Prosiga, saque un pedazo de papel o abra su computadora y apunte lo que le venga a la mente. ¿A qué se parece su felicidad? ¿Qué siente? ¿Cómo usted la percibe? ¿Cómo la experimenta? Sus respuestas a estas preguntas serán más profundas de lo que podría pensar.

Una vez me invitaron a participar de panelista en un acto con Barbara Walters y la Dra. Maya Angelou, dos mujeres a quienes respeto mucho. Hablábamos en esa conferencia en momentos distintos. Walters afirmó que las mujeres no pueden «tenerlo todo». Más tarde, cuando me tocó mi turno, discrepé amablemente con ella. Dije que las mujeres pueden tenerlo todo, sólo que quizás no podamos tenerlo todo al mismo tiempo. El matrimonio, la carrera, la maternidad, la administración del hogar, los compromisos con la iglesia y otras organizaciones sin fines de lucro, así como otras responsabilidades de la vida constituyen enormes desafíos que pueden agotar aun a las mujeres más preparadas y motivadas. El intentar desempeñar todos estos papeles de manera exitosa y simultáneamente es como hacer malabarismos con tres pelotas mientras se corre en bicicleta en una cuerda floja sobre las cataratas del Niágara. Cierto, usted podría lograrlo, pero es mucho más probable que tarde o temprano algo se precipite al abismo, ¡y ese algo probablemente sea usted!

Mi tesis es que no necesita tenerlo todo en el mismo momento, con las presiones que ello conlleva. Además, ¿qué significa tenerlo todo? «Todas» sus necesidades deben ser sólo eso: suyas. Debe definirlas. No permita que su percepción de la fantasía de otra persona se convierta en un ejemplo a seguir. Su vida, como sus huellas dactilares, serán distintas de las de cualquier otra persona. Es un singular don de Dios. Para mí, eso significa seguir la senda en la que creo que Dios me ha puesto. Esa senda es un lugar extraordinario, donde todos podemos ser felices.

Si usted es una madre que se empeña en ser todo para todos, ¿lo hace porque eso le proporciona felicidad o porque es parte de la agenda de otra persona? Como madres tendemos a complacer. Queremos cumplir y exceder las expectativas de los demás, ya se trate de los hijos, el cónyuge, los amigos, los vecinos o de nuestra propia madre. Podemos adoptar la idea de otra persona de una vida exitosa y feliz sin nunca haber pensado realmente en el impacto que esto tendrá sobre nosotros. Cuídese de no dejar que la definición de felicidad de otra persona sustituya la suya propia.

Abandonar las expectativas de otros puede resultar muy liberador. De repente usted no tiene que trabajar enloquecidamente cada semana para pagar un auto que realmente no necesita. No tiene que preparar la comida perfecta todas las noches —su familia sobrevivirá a los emparedados de atún y las ensaladas ocasionales. No tiene que tener todas las prendas de ropa lavadas, dobladas y guardadas al final del día. Déjelas para mañana. Si liberarse de algunas presiones le trae paz a su corazón —y más felicidad— dese la libertad de ser menos que la imagen que tiene de la perfección.

Saber lo que es verdaderamente importante

Echémosle un vistazo a lo que usted escribió como definición personal de felicidad. ¿Concuerda con su manera de vivir? ¿Cuándo puede hacer cambios que la aproximen a su definición de la felicidad? No los deje para mañana: comience hoy. Si no se siente lo bastante segura para responder a estas preguntas o simplemente se siente abrumada, haga una lista de sus prioridades. ¿Qué es lo más importante para usted? ¿Qué personas y actividades le producen mayor satisfacción? ¿Tiene «grandes ideas» acerca de su vida y su futuro? ¿Visualiza el cumplimiento de sus metas? Es difícil ser feliz si su vida diaria y sus prioridades no marchan de la mano. Si dedicara más de su tiempo en concentrarse en sus prioridades y pasiones, probablemente sería mucho más feliz.

Cuando pongo por escrito mis prioridades, mi fe en Jesucristo encabeza la lista. Él es el fundamento de mi vida. Él es la fuente de mi determinación y mi júbilo. La Biblia dice: «Hermanos míos, considérense muy dichosos cuando tengan que enfrentarse con diversas pruebas» (Santiago 1:2). Podemos hallar gozo aunque nuestras vidas no estén a la altura de lo que deseamos. Puesto que Dios quiere que encontremos gozo hasta en nuestras pruebas y tribulaciones, creo que Él espera que celebremos aun más los buenos tiempos. Eso es un gran aliciente para mí.

Una de las cosas que hago para recordar mis prioridades es tomar una hoja de papel y escribir en mayúsculas la palabra GOZO (JOY en inglés), que completo con una palabra debajo de cada letra: Jesús, Otros, Tú. Mantengo uno de estos letreros en el espejo de mi baño y otro en la cocina. En días en que me siento más tensa que gozosa, esos letreros me detienen y me dan tiempo a recapacitar. En ese momento pienso que quizas debería reconsiderar mis prioridades. Y cuando hago eso, la alegría vuelve. Es una técnica sencilla, cualquiera puede usarla para ayudarse a recordar lo que es importante. Su lista será diferente a la mía. Sea cual fuere, manténgala frente a usted de manera que su vista se concentre en el premio. La clave es mantenerse a tono con lo que más le importa, de manera que usted pueda conservar una atmósfera jubilosa en su casa y en su vida.

Lo que más le interesa a las madres con las que hablo es tener tiempo para compartir con sus familias. Los niños en particular cambian rápidamente y pasan a nuevas fases de la vida. No queremos perder nada. Nuestros hijos e hijas necesitan orientación y una presencia permanente. También necesitan de nosotros para ser felices, para que podamos llevar felicidad a sus vidas. A menos que estemos atentos a proteger el tiempo de nuestra familia, éste desaparecerá. Es fácil que algunos acontecimientos aparentemente importantes se inmiscuyan en este valioso recurso.

Recuerdo una magnífica oferta que me llegó hace varios años. Me invitaban a participar en un proyecto de corto plazo por el que me pagarían tres veces el salario anual que yo ganaba en ese momento. Mis asesores creían que se trataba de una gran oportunidad y me alentaron vivamente a que aceptara. El problema era que estaba programado el mismo día de mi aniversario de bodas, no podía cambiarse y ya había hecho planes con mi esposo. Desde el principio de mi matrimonio, decidí que las celebraciones de días especiales, tales como los aniversarios y los cumpleaños de mi marido y de mis hijos eran demasiado importantes para aplazarlos. Sí, reconozco que he trabajado en mi propio cumpleaños y que probablemente eso no constituya un buen ejemplo, pero cuando me puse a pensar qué hacer respecto al conflicto con nuestro aniversario, no tuve dudas. Rechacé el proyecto y, en su lugar, disfruté el tiempo que compartí con Greg.

Los maridos y, aún más, los hijos perciben intuitivamente si son queridos y si constituyen una prioridad para usted. Cuando usted deja a un lado otros asuntos importantes o apremiantes para dedicarles tiempo a ellos, les transmite un mensaje de que ocupan el primer lugar en su vida. Puede prescindir de una oportunidad empresarial, de pasar un rato divertido con una amiga o de ese corte de cabello que necesita. A veces hasta puede dejar de darse su ducha diaria (las madres sabemos que el perfume es una ducha embotellada). Sin embargo, al dejar pasar otras prioridades, estará honrando a su familia y cultivando un hogar feliz. A largo plazo, valdrá sobradamente la pena el sacrificio de cualquier otra oportunidad.

El poder del lugar

Otra clave para un hogar feliz es explotar al máximo el ambiente que nos rodea. Para la mayoría de las madres, aun si trabajamos fuera de casa, nuestra casa o apartamento es nuestra «oficina» principal. Para bien y mal, es el espacio que transmite cómo nos sentimos respecto a nosotros mismos y a nuestras vidas. Nunca subestime el poder del lugar ya sea para levantarle el ánimo o para gravar su bienestar emocional. La insto a tomar distancia y considerar cómo la hace sentir su casa. Años de vivir en el mismo sitio pueden tener el efecto de entumecerle los sentidos. Usted puede que ni siquiera se dé cuenta de que la atmósfera de su espacio vital la hace sentir tensa, ansiosa y deprimida cuando debía dejarla relajada, en paz, animosa y feliz.

Puede sentir que su entorno físico está drenando su energía pero no estar segura del por qué. Podría ser que sus muebles no encajen bien o que no haya equilibrio entre ellos y el ambiente. Es posible que los colores de las paredes, que una vez realzaron y avivaron su decoración, parezcan ahora desfasados, como parte del pasado. Si su vida ha cambiado, ¿por qué no los colores de su casa? ¿O se siente abrumada por una de las faltas más comunes: el abarrotamiento? Con toneladas de trastos, usted ni siquiera puede ver los colores de las paredes.

¿Está llena su casa de cosas que ya no quiere o necesita? ¿Acapara cosas para compensar o enmascarar algún estado emocional? ¿Están las mesas y pisos cubiertos de juguetes, ropa, platos y revistas sin leer? Estas son señales de que el desorden se está apoderando de su vida. Resulta fácil recargarse de pertenencias. En algunos casos, el deseo de adquirir se convierte en una enfermedad. La gente tiene armarios y habitaciones repletos de cosas que la abruman. Si ésa es su situación, no dude ni un momento: es hora de actuar. Empréndala con su casa, cuarto por cuarto. Al examinar cada objeto, o bien lo pone a funcionar o lo tira. Si es un boleto de una película que vio con sus hijos que le trae un recuerdo especial, póngalo en un álbum de recortes para preservarlo, conviértalo en una artesanía navideña o tírelo. Aprenda a hacerlo. En la medida en que avanza, redescubrirá el hogar acogedor que una vez conoció y amó.

No quiero decir que todos los objetos y hasta el último pedacito de papel que haya en su casa deben desaparecer de la vista. Ése ciertamente no es el caso de nuestra casa. Mi escritorio, que solía ser mi mesa de la cocina, está cubierto de papeles. Usted podría pensar que se trata de un reguero. Sin embargo, yo sé qué cosa es cada papel y dónde va. ¡Es un reguero organizado! De manera que no estoy sugiriéndole que su casa tenga que pasar una inspección de limpieza. Por otra parte, si la puerta de su dormitorio está bloqueada de cajas de tarjetas de Navidad de personas con quienes no ha hablado en diez años, es hora de intervenir y «acabar con el atoro».

Creo firmemente que estamos influenciados por el ambiente, por lo general más de lo que nos damos cuenta. Usted puede estar renuente a poner mucha energía en transformar su casa en un lugar más acogedor. Lo entiendo. Sin embargo, una vez que reconozca el impacto trascendental que tendrá en su espíritu un espacio vital positivo, podrá comenzar a hacer cambios para mejorar su entorno. Hablaremos en este capítulo de los pequeños ajustes —tales como agregar un toque de aromaterapia o encender unas velas— que pueden significar una enorme diferencia en la atmósfera de su hogar (es difícil tener discusiones a la luz de las velas). Debatiremos algunas ideas divertidas respecto al despliegue de artículos personales que celebren su personalidad singular y que la hagan sentir cómoda y respetada. Exploraremos también los modos de establecer en su casa un rinconcito acogedor que sea sólo para usted, un lugar privado al que pueda acudir en busca de tranquilidad.

Si se parece en algo a mí, necesitará ayuda —ayuda experta— para hacer todos los cambios necesarios a fin de transformar su casa en un hogar feliz. Reconozco sin tapujos que cocinar y hacer jardinería no están entre mis fuertes. Es por eso que con frecuencia recurro a mi buen amigo el chef André Carthen de *ACafe* y al renombrado diseñador de jardines Nicholas Walker de J du J en busca de consejo. En este capítulo el chef André y Nicholas le ofrecerán soluciones para entretenerse y para crear un ambiente agradable en el exterior de su casa —así como dejar que penetre en la casa algo de ese ambiente de esparcimiento exterior.

Usted puede no ser una experta en cocina, jardín o áreas de estar, sin embargo, es experta en sí misma y en lo que su familia necesita. Incluso, si tiene tiempo y recursos económicos limitados, puede crear un estilo para su casa que refleje quién es y lo que la hace feliz. Sobre esto también hablaremos más. Lo que es decisivo es buscar oportunidades que permitan que su entorno prospere. Eso puede seer el imán que atraiga el júbilo que se esconde en su corazón.

Buscar la alegría en los sitios adecuados

Ya hemos hablado de cómo muchas familias buscan la felicidad, pero no la encuentran. Algunas madres, sin embargo, se cansan de tratar. Se han empeñado durante tanto tiempo y han llegado a desilusionarse tanto que se han rendido. Esperan que alguien o algo aparezca y las salve. Se sienten vacías.

Tienen un vacío en sus corazones que necesitan llenar con urgencia.

Recuerdo el día en que uno de nuestros hijos quería irse de casa. Yo había leído todos los manuales y libros de instrucción que decían que los padres debían cuestionar la decisión pero luego permitir que su hijo empacara. La clave consistía en nunca dejar que el niño viera tu pánico ni que creyera que podía intimidar. Sin embargo, cuando mi hijo anunció sus planes de irse, mi respuesta fue totalmente contraria a lo que había leído. Tan pronto escuché sus palabras, me deshice en llanto. ¡No fui un buen ejemplo de paternidad! Créame, pues, que entiendo cuán abrumadoras, intimidantes e incluso aterradoras pueden ser las responsabilidades de una madre y como eso puede dejarlas con una sensación de vacío que exige ser llenado.

Para mí, ese vacío lo llena el Señor. Cuando le presento a Él mis problemas, encuentro el consuelo y la fuerza que me da gozo interior y que me permite seguir adelante aunque me sienta desalentada por mis circunstancias. Entiendo que usted pueda no compartir mi fe. Si es así, no encontrará el apoyo de la manera en que yo lo encuentro. No obstante, puedo decirle esto: si esperamos que la felicidad nos toque a la puerta, es probable que nos quedemos esperando.

Una madre una vez me escribió lo siguiente: «Quiero ser feliz. Estoy a la espera de que ocurra algo que me ayude a ser feliz». Le contesté y la alenté a comenzar a encaminarse hacia la felicidad ese mismo día. Seguimos escribiéndonos y la insté a que diera pasos sencillos como organizar una gaveta llena de trastos viejos, descartar lo inservible, visitar a sus hijos en la escuela, decidir que en lugar de discutir con su marido sobre sus diferencias, podía darse cuenta de que cada uno tenía su propia visión de la vida y que era importante concentrarse en las cosas que tenían en común. En la actualidad, esa madre lleva una vida mucho más feliz. Ha dejado de esperar que llegue la felicidad y ha comenzado a buscar la alegría en los lugares adecuados.

No estoy sugiriendo que el descubrimiento de la felicidad sea fácil, especialmente para alguien que batalla con una depresión genuina. Sin duda, hay circunstancias y trastornos clínicos que exigen ayuda profesional, incluidos los medicamentos por receta. La enfermedad emocional es tan real como la enfermedad física. Si usted se encuentra en medio de una depresión de la que no puede salir o si se siente abrumada hasta el punto de que corre peligro, usted u otro ser humano, cierre este libro inmediatamente y busque ayuda. Sin embargo, con demasiada frecuencia la gente busca sustituciones químicas, incluso con nuestros propios médicos que pueden estar prestos a prescribirlas, en lugar de intentar resolver los problemas fundamentales. Si es infeliz, hay mucho que usted puede hacer para cambiar su situación. La vida es demasiado valiosa para pasar por ella sin alegría.

Una de las mejores maneras de descubrir la alegría es acercándonos a otros. Cuando vemos más allá de nosotros mismos y observamos las necesidades de la gente que nos rodea, nos abrimos nosotros mismos y nuestros hijos a toda clase de oportunidades de júbilo. Hace años trabajaba en un hogar de convalecientes. Era un placer para mí llevarles comidas a los pacientes ancianos, muchos de los cuales no tenían a nadie más que los visitara. Muchos no eran felices. Su salud era deficiente y se sentían solos. Sin embargo, el simple acto de regalarles una sonrisa y un abrazo y de servirles una comida les devolvía la alegría a sus rostros. Cuando terminaba mi turno, me sentía contenta por el hecho de que acciones generosas básicas podían hacer que alguien se sintiera mejor en su vida.

Cuando uno se acerca a otros, el impacto de ese hecho lo trasciende a usted y a la persona que usted ayuda. Imagine las lecciones que sus hijos aprenderán si desde una temprana edad la ven yendo de voluntaria una vez al mes a leerles a los ciegos o a servir en un comedor de beneficencia. Mejor aun, si sus hijos son lo bastante grandes, anímelos a que sirvan de voluntarios con usted. En Santa Bárbara tenemos un programa en el cual le llevamos flores a personas que de otro modo no tienen acceso a ellas, de manera que puedan experimentar esas maravillosas creaciones de Dios. El programa presta servicios a mujeres y hombres que tienen movilidad limitada o están confinados al espacio en que viven, incluidos los que se encuentran en casas de convalecientes. Aun personas de nuestra misión local, que pueden encontrarse temporalmente desamparadas, se benefician del programa y pueden disfrutar de la fragancia y la belleza de una flor. Esto es algo en que nosotros participamos como familia. Creo que nuestros hijos han aprendido lecciones convincentes al ver de primera mano el impacto de la bondad. No importa cuánta alegría puedan dar, es mayor aun la que reciben.

No estoy sugiriendo que usted deba hacer trabajo voluntario a expensas del tiempo de su familia o de su propio calendario sobrecargado. Es importante fijar límites y establecer lo que puede hacer y lo que no puede. Sin embargo, cuando usted haga del ayudar a los demás una prioridad, descubrirá que otras preocupaciones más triviales comenzarán a desvanecerse.

Si está leyendo este libro y cree que tiene poco tiempo o

dinero para darles a otros ahora mismo yo la entiendo. No obstante, si es una persona de fe, siempre tiene la opción de orar. Me acuerdo de una vez en que supe que dos muchachos estaban fastidiando a uno de nuestros hijos en la escuela. Mi primera reacción no fue muy amorosa. Estaba enojada. Sin embargo, más tarde esa noche, cuando me calmé, nuestro hijo y yo oramos por esos dos muchachos. Dejar el asunto en las manos de Dios fue una bendición. Saber que Él escucha y responde todas las oraciones nos transmitió una sensación de paz y felicidad a nosotros dos. Y al día siguiente descubrí que la situación ciertamente había mejorado.

Puesto en los términos más simples, la compasión conduce a la alegría. En la Biblia, el apóstol Pablo escribió: «Si sienten algún estímulo en su unión con Cristo, algún consuelo en su amor… llénenme de alegría teniendo un mismo parecer, un mismo amor» (Filipenses 2:1–2). Siempre que seguimos el ejemplo de Jesús, irradiamos alegría. Todo el que nos rodea lo verá y, en la mayoría de los casos, lo reflejarán.

Comience hoy

Usted puede ser feliz hoy mismo. ¿Recuerda cuando dije que algunas personas sienten un vacío que quieren que alguien o algo les llene? Es como si estuvieran esperando un milagro. Si sólo pudiera tener un bebé, entonces seré feliz. Si podemos tener suficiente dinero para costearnos una nueva casa, entonces seré feliz. Si mi jefe me da el traslado que quiero, entonces seré feliz. Siempre están a la espera de algún acontecimiento externo que les traiga alegría a sus vidas.

Usted no tiene que esperar. Puede escoger la felicidad ahora mismo. Dios nos dice que seamos pacientes en nuestras pruebas y que esperemos por el retorno de Jesús (véase Romanos 12:12 y Santiago 5:7), pero no dice que tengamos que esperar por la alegría. Por el contrario, Él quiere que siempre celebremos nuestras vidas y nuestra fe: «Alégrense siempre en el Señor. Insisto: ¡Alégrense!» (Filipenses 4:4). ¿Se acuerda de Pablo y Silas, que fueron azotados severamente y encadenados al muro de una prisión (Hechos 16:23–24)? Parecía que no tenían opciones, sin embargo, ellos se animaron y alentaron a sus compañeros de prisión, ofreciéndole oraciones e himnos a Dios.

Sí, tendremos momentos de pesar en nuestras vidas; pero la auténtica alegría no depende de las circunstancias. El auténtico gozo es algo que no nos pueden quitar. Incluso en medio de la crisis o de la pena, en lo profundo de nuestros corazones tenemos la alegría de saber que no estamos solos. Tenemos a Dios, a las personas que amamos y al don precioso de la vida. No importa todo lo demás que ocurra en torno nuestro, ésas son bendiciones que nunca debemos dar por sentadas.

Auténticas soluciones

PROBLEMA: Tenemos siete hijos y estoy empezando a pensar que debíamos haber llamado a cada uno de ellos «Gruñón». Nuestra familia es tan negativa, que no sé dónde empezar a hacer cambios.

SOLUCIÓN: Establezca una cultura de la alegría.

De todas las técnicas que pueden ayudar a «Gruñón», de manera que pueda disfrutar una vida familiar más feliz, nada será más importante que su decisión de establecer en su casa una cultura de la alegría. En mi infancia, había muchos días en que mis padres podrían fácilmente haberme cambiado el nombre por «Gruñona». La decisión que tomé de ser tan positiva como fuera posible respecto a cualquier situación no llegó a ser una realidad para mí hasta que encontré mi fe. Mi capacidad de ser positiva y alegre continúa creciendo según crece mi fe.

Mi marido y yo estamos embulladísimos en servir en la junta de una nueva escuela secundaria cristiana en Santa Bárbara. Para estar seguros de que todos sigan siempre un rumbo cristiano, la junta se comprometió por unanimidad a establecer una cultura de la alegría como uno de los principios fundamentales de la escuela. Queremos que esa actitud sea la base de toda relación entre estudiantes, maestros y administradores. Que siente la pauta para los objetivos docentes, las oportunidades de desarrollo, los niveles de responsabilidad y sus consecuencias. El amor y el perdón son los modelos que brotan de una cultura de la alegría.

Lo que es importante en un ambiente educativo es aun más

decisivo en casa. Una de las mejores formas de establecer una atmósfera de regocijo en su familia es tomar la decisión de respetarse mutuamente Sabemos que las Escrituras nos mandan a honrar a nuestros padres. En el primer libro de la Biblia, aprendemos que Cam, el hijo menor de Noé, descubrió a su padre desnudo en su tienda luego de haber bebido mucho vino. La respuesta de Cam fue compartir con sus dos hermanos la indiscreción de su padre. Los hermanos mayores eligieron, sin embargo, honrar a su padre y, con ese fin, tomaron un manto y se fueron hasta la tienda de su padre caminando de espaldas para evitarle otra humillación a Noé (Génesis 9:20–23).

Debemos enseñar a nuestros hijos que honren y respeten a sus padres, pero es igualmente vital que apliquemos esta actitud a nuestros hijos. Entienda que cada hijo o hija suya es un individuo con dones y rasgos específicos dados por Dios. Préstele atención a las capacidades y características singulares de sus hijos. Ayúdelos a reconocer esas cualidades en sí mismos y felicite a sus hijos cuando demuestren sus talentos. Si su hija tiene actitud para las matemáticas, hágale saber cuán complacida e impresionada está usted con su trabajo. Si su hijo no es tan buen estudiante, pero toca bien la trompeta, aliéntelo a desarrollar su habilidad. Su apoyo ayudará a sus hijos a sentirse mejor consigo mismos y les permitirá ver sus diferencias no como faltas sino como dones valiosos y especiales.

Otra manera de honrarse unos a otros radica en su elección de palabras. Las palabras son poderosas. Las afirmaciones más simples comunican y transmiten muchísima información; sí, no, por qué, cómo. Frases breves que pueden establecer el tono de toda una relación: gracias; sí, por favor, por nada. Sugiero que haga una lista de todas las palabras positivas y negativas y luego preste atención a lo que dice cuando saluda a sus hijos después de la escuela y mientras conversa con ellos. ¿Qué clase de palabras usa usted la mayor parte del tiempo? Si su hija parece triste, es más probable que le diga «¿estás bien, cariño?» o «¿cuál es ahora tu problema?».

Elija palabras que eleven, celebren, faculten y alienten. Si su hijo le trae sus calificaciones de inglés con una nota que la decepciona, ¿se siente decepcionada por las razones reales? ¿Es porque usted sabe que él podría haberlo hecho mejor o porque cree que la está haciendo quedar mal como madre? Tenga cuidado de no asumir una actitud agresiva cuando sus hijos no cumplan con sus expectativas. En lugar de decir en tono acusador: «¿Cómo pudiste hacer esto?», un mejor enfoque sería el hacer preguntas tales como: «¿Cómo llegamos aquí?» y «¿Qué te lo hizo tan difícil?». En lugar de culpar, busque la manera de fomentar un mejor desempeño la próxima vez. Hágale saber a sus hijos que no busca «degradarlos», sino que todos en la familia están en el mismo equipo.

Usted también puede ayudar a establecer una cultura de la alegría reconociendo abiertamente sus errores. No hace mucho yo tenía la responsabilidad de llevar la merienda para que la congregación de nuestra iglesia tuviera algo que comer luego del culto del domingo, pero cuando llegó la mañana del domingo no me acordé de chequear mi agenda y me olvidé completamente de la merienda. Estando en la iglesia me di cuenta de que me había olvidado y me sentí apenadísima. Sin embargo, fue una extraordinaria lección para nuestros hijos (y para mí). Pude compartir con ellos cuán importante es verificar sus calendarios siempre que haya un proyecto pendiente.

No importa cuán cuidadosos seamos como padres y cuantos libros acerca de la paternidad hayamos leído, habrá ocasiones en que sencillamente nos habremos equivocado. Todos cometemos errores. Tal vez usted le imponga a su hijo un castigo irrazonable debido a un mal día en el trabajo. Cuando cometa esos errores, no tema excusarse y pedir perdón. Sus hijos apreciarán su honestidad y usted les enseñará una valiosa lección. Descubrirá que las familias que están dispuestas a reconocer sus errores viven en los hogares más felices.

PROBLEMA: Nuestra casa es ruidosa y caótica. Para relajarse luego de un largo día en la escuela, los niños usualmente corren por el traspatio, ponen la música a todo volumen, ven televisión o participan en un videojuego —a veces, todo tiene lugar al mismo tiempo. ¿Cómo establecer una cultura de la alegría en medio de todo ese estruendo?

SOLUCIÓN: Haga una «burbuja» para sus hijos.

Un «tiempo de distensión» un poquito ruidoso y enloquecido después de la escuela es un cambio que muchos niños apetecen, pero no permita que domine el resto de su día en familia. ¡Acuérdese de que usted es la madre! Así como sus hijos necesitan tiempo para correr, gritar y jugar, también necesitan momentos de paz y de descanso para recargarse. No importa a qué hora del día, si usted percibe que el nivel de energía está por desequilibrar la balanza, piense en la manera de reducirlo a un punto que pueda controlar. Podría ser el momento que los niños comiencen su tarea. Tal vez deben retirarse a sus dormitorios para leer o escuchar un relato grabado. O tal vez usted quiera aplicar una lección que aprendí de un personaje de los dibujos animados. ¿Ha visto alguna vez al diablo tasmano que gira y se convierte en una máquina de demolición? El daño que esa criaturita puede infligir es sorprendente. Sin embargo, cuando el conejo Bugs saca el violín y comienza a tocar una dulce canción de cuna, el diablo sencillamente se derrite. Dicen que la música apacigua a las bestias salvajes. Funciona con ese personaje de los dibujos animados y funciona también con los niños. Es difícil gritar, discutir o tener una perreta mientras suena una maravillosa y apacible melodía. ¡Pruébelo!

Otra manera de aplacar el ruido es crear lo que yo llamo «momentos burbuja». En nuestra familia, el proceso de preparar a nuestros tres hijos para la escuela por la mañana puede ser un poco frenético. Podemos estar cayéndoles atrás mientras un niño puede querer jugo, otra podría querer jugar al escondite y la otra podría querer cambiarse de ropa. Definitivamente, algún drama se desarrolla todas las mañanas. Es una victoria lograr que todo el mundo suba al auto. Tal vez a usted esto pueda resultarle familiar. En esos días, en el momento en que salimos por la puerta de casa, todo el mundo se siente un poco malhumorado y agotado (incluida mamá).

Sin embargo, tengo una regla para cuando estamos en el auto; los juegos de vídeo y los celulares se apagan, incluido el mío. Nuestro viaje a la escuela toma alrededor de doce minutos y, por ese breve período de tiempo, converso con los niños de lo que está pasando en sus vidas, lo que sucede en la escuela y lo que piensan al respecto. Intento alentarlos en cualquier reto que pudieran estar enfrentando en ese momento. A veces escúchamos música y hablamos de por qué es agradable. A veces hacemos juegos de palabras o hacemos apuestas de cuántos árboles veremos antes de parar. Nos fijamos en personas que necesitan ayuda; si pasa una ambulancia, oramos por la persona enferma. Hablamos de sueños y planes para el futuro.

Usualmente, cuando llegamos a la escuela, me siento sorprendida de los cambios que han tenido lugar. Los ceños fruncidos se han transformado en sonrisas. El mal genio y las preocupaciones se han desvanecido y los chicos están listos a enfrentarse con un nuevo día. Cuando estamos en esa burbuja, los niños y yo logramos aislarnos de las presiones del mundo. Es la hora de concentrarnos los unos en los otros y fortalecernos mutuamente. Cuanto más momentos burbuja pueda insertar en su jornada familiar, tanto más fácil será establecer una cultura de la alegría.

PROBLEMA: No puedo soportar la apariencia de nuestra casa: me desalienta y me hace sentir mal. Quiero cambiar todo, pero no sé por dónde empezar. ¿Cómo puedo hacerlo con un presupuesto diminuto?

SOLUCIÓN: Haga grandes cambios siguiendo unos pasos sencillos.

Nuestros entornos tienen una enorme influencia en nuestro estado mental, y si ya nos sentimos desilusionados, un espacio vital opresivo aumentará nuestra sensación de estar abrumado. Ya sea la iluminación, los colores, el abarrotamiento o simplemente la sensación provocada por una combinación de factores, cuando su ambiente doméstico no funciona para usted, resulta extremadamente difícil ser feliz. Su casa o apartamento debe reflejar su corazón y ser su inspiración. Puede ser un lugar de restauración diaria, donde usted renueve su energía, revigorice sus sentidos y alimente su alma. A continuación le presento unas cuantas maneras fáciles y accesibles de establecer en su casa un entorno físico más positivo.

- *Tapizado de pared.* El tapizado de pared que se usa en la actualidad no es el empapelado de otros tiempos. Ahora tiene textura, belleza, riqueza e influencias de diseños de todo el mundo para cada habitación de su casa. El tapizado es más fácil de aplicar que nunca antes y mucho más económico. Si un proyecto de tapizado grande no se ajusta a su presupuesto, trate de cubrir sólo una pared y pinte el resto. Utilice los colores del tapiz de pared que tanto le gusta para combinar el resto de la habitación.

- *Colores.* Los beiges y los grises pueden servir de base a la decoración de una casa, pero no transmiten el sentimiento de alegría que usted quiere. Intente añadir a sus paredes un toque de los «colores de Dios»: amarillos, blancos, azules, naranjas y verdes brillantes y audaces. Piense en el tipo de pintura que se avendrá más a su propósito. La pintura mate tiende a ocultar las imperfecciones de la superficie subyacente mejor que la pintura de brillo, pero es más susceptible a mancharse. La pintura con terminados de poco brillo, entre ellos el semimate y el satinado, exige superficies bien preparadas, pero es efectiva para áreas de mucho uso por ser más fácil de limpiar. Compre toda la pintura al mismo tiempo para garantizar uniformidad de color y textura, y compre un 10 por ciento más de lo que cree que va a necesitar, de manera que tenga suficiente para cubrir lo que pueda verterse y para retoques en el futuro.

• *Muebles.* Si bien el color de una habitación ayuda ciertamente a determinar su calidez, la colocación de muebles también influye en el humor. Observe cada habitación de su casa y pregúntese: ¿Cuáles son los elementos arquitectónicos interesantes? ¿Hay ventanas, una chimenea, puertas múltiples? ¿Cuántas personas utilizan esta habitación y a que uso la destinan? ¿Cuáles son los patrones de tránsito? ¿Se encuentra la habitación cerca de la puerta principal o está oculta? Una vez que haya respondido a estas preguntas determine cuál será el punto focal de cada habitación, tal vez una chimenea o un ventanal. Este punto focal ayudara a definir su espacio.

Acomode primero los muebles principales. Trate de mezclar tamaños y alturas para crear un interés visual. Las piezas de un juego de muebles que se relacionan entre sí conectan la habitación y la hacen acogedora. Los muebles de madera, el cuero y la tela se mezclan para hacer los espacios habitacionales atractivos y darles un toque personal. Y si trabaja en casa, como yo hago a menudo, piense en invertir en muebles que sean especialmente para la oficina de su casa. Ayudarán a su dedicación y organización.

• *Piso.* Si tiene los recursos para instalar pisos nuevos, estos pueden proporcionarle elegancia y funcionalidad a una habitación. La madera sigue estando a la cabeza de muchas listas, pero el costo y la durabilidad del laminado actual y las superficies de losas hacen que éstas sean también opciones populares. La alfombra de pared a pared resulta también un elemento que resalta la decoración. Le añade comodidad y aislamiento y se encuentra en una variedad de colores, estilos y texturas. Cuando se trata de una lujosa suavidad debajo de los pies, nada aventaja a una alfombra. Recuerde el contemplar cuidadosamente cómo ha de usarse la habitación antes de agregarle una superficie de piso que ha de permanecer durante años.

Para un cambio dramático que no destruya su presupuesto, contemple una alfombra de área. Puede cambiar el aspecto de una habitación en un instante y verse muy bien sobre una alfombra de pared a pared que sea de color neutral, sobre el entarimado tradicional o sobre cualquier estilo de cerámica. Al escoger una alfombra de área con colores que están presentes en la decoración ambiental, la «quinta pared» de su habitación —el piso— puede unificarlo todo.

Recuerde que las alfombras de colores claros hacen que la habitación parezca espaciosa, mientras los estilos más oscuros suscitan una sensación de intimidad. Si está buscando crear un punto focal, opte por colores llamativos y diseños recargados. Si la finalidad de su alfombra es complementar discretamente el diseño existente, un color entero o un estampado sutil funciona bien. En una habitación por la que transite mucha gente, una alfombra de área de color entero oscuro es más efectiva en disimular el uso y las desgarraduras.

• *Mejoras de la casa.* Si una habitación de su casa se siente poco acogedora y sin atractivo o simplemente carente de gracia, fíjese en la luz. Una combinación de los tres tipos fundamentales de iluminación —ambiental, directa y decorativa— le dará a una habitación un sentido de cohesión en tanto la hace también cómoda y funcional.

La iluminación ambiental o de fondo envuelve una estancia en un resplandor suave y tibio y elimina los contrastes agudos entre zonas claras y oscuras. Intente instalar un regulador de voltaje o dispositivos individuales para obtener un·máximo de flexibilidad.

La iluminación directa es particularmente efectiva para leer, escribir, cocinar, arreglarse o cualquier otra actividad que exija una gran visibilidad y atención al detalle. Los niveles de iluminación pueden variar pero deben comenzar en un mínimo de sesenta vatios.

La iluminación decorativa vale más por su apariencia que por su utilidad. Podría incorporar iluminación decorativa mediante la adición de luces de bajo vataje a plantas en tiestos. Las pequeñas luces pueden tener un impacto dramático al iluminar el follaje y proyectar sombras sobre la pared. Trate de añadir un par de candelabros decorativos de pared a cada lado de una puerta y se quedará impresionada por el efecto sencillo y elegante.

Encontrará que muchas otras opciones de mejoras domésticas parecen menores pero pueden aportarle una nueva sensación a su casa. Cortinas nuevas —persianas horizontales de madera, aluminio o vinilo, verticales de vinilo o de tela, plegables o de panal, o corredizas— pueden mejorar la apariencia de una habitación.

La ropa de cama bonita la invitará a relajarse y descansar. Siéntese libre de mezclar rayas y cuadros si los colores armonizan, y recuerde que montones de almohadas le agregan un acento lujoso a cualquier lugar. Desde cunas hasta camas individuales, escoja sábanas que destaquen la personalidad del ser querido que duerme allí. Un colchón de calidad la ayudará a dormir bien de noche.

Para reducir a cero el mantenimiento excepto por el polvo, las plantas artificiales son una excelente solución. Un dispositivo de agua, tal como una fuente para interiores, ya sea grande o pequeña, limpia el aire y apacigua los nervios. Un purificador de aire o un humidificador también pueden mantener su casa limpia y libre de contaminantes. Un ventilador de techo es otro modo de hacer circular el aire dentro de su casa. Proporciona algún alivio durante los días calientes del verano y, dependiendo del estilo que escoja, le añadirá un toque elegante o exótico a su decoración.

• *Accesorios.* Lo mismo si tiene cinco años que quinientos cinco, usted ha adquirido una colección de objetos que le gustan. Una de mis hermanas colecciona porcelana fina. Ella me puso al tanto de la compañía que las fabrica y me enamoré tanto de su trabajo que comencé a diseñar colecciones para esa compañía. Use los accesorios para añadirle personalidad a su hogar y contarle una historia acerca de usted misma a sus visitas. Empéñese en mantener un equilibrio en su exhibición. Los arreglos simétricos son iguales a ambos lados de una línea central y ofrecen una apariencia más formal. Si sus piezas varían de tamaño, forma y color, ensaye una apariencia más informal y asimétrica.

Agrupe objetos semejantes y en números impares; muestras de tres y cinco funcionan bien. Ordene todo en torno a un punto focal. Dé una sensación de profundidad colocando las piezas en zigzag o alternadamente del fondo al frente, en lugar de colocarlas en una línea recta. Junte objetos de diferentes texturas para dar una apariencia singular. Por ejemplo, si tiene un grupo de candeleros de bronce y un florero de cerámica, trate de añadir una planta, un arreglo floral o un cesto tejido para lograr una textura más suave. Contemple el hacer un arreglo de pared, pero recuerde experimentar antes de comenzar a martillar clavos. No tema el hacer algo diferente. Lo importante es que sus accesorios la satisfagan.

• *Aromaterapia.* Una de las formas más fáciles de convertir su casa en un remanso es involucrando su sentido más instintivo, el del olfato. Llene su casa de velas fragantes, saquitos de hierbas, popurrís, difusores de aromas y tazones de flores secas para lograr un efecto terapéutico. Muchas madres me han dicho que en esas raras noches a solas, una vela ha sido una compañía consoladora, que ha ayudado a proporcionarles esa sensación de paz que tanto necesitan. Usted también puede emplear aceites esenciales —concentrados de flores, plantas y maderas que, al liberarse individualmente o en combinaciones específicas, tienen un efecto positivo en su psique— poniendo unas cuantas gotas en el dispositivo de su jabón de baño o en los filtros de aire del horno. En su cuarto, pruebe con fragancias que son naturalmente apaciguadoras, tales como la lavanda y la vainilla.

• *Espacio personal.* Se sentirá mucho mejor con su casa y con su vida si cuenta con un lugar especial y privado al que pueda retirarse para el solo propósito de alimentar su espíritu. Ya se trate de un dormitorio adicional, el desván o un rinconcito de la sala, este debe provocarle una sensación de paz y de armonía. Este espacio debe concebirse como un refugio del mundo y de sus obligaciones domésticas. Usted puede querer amueblarlo con sus objetos preferidos; ponga una silla cómoda y una otomana cerca de una ventana; añádale una manta calentita, un lugar para una taza de té y un libro que siempre ha querido leer. Permítase dedicar regularmente una hora ininterrumpida leyendo, pensando, orando o soñando despierta. Lo que usted quiera. Recuerde que este es su tiempo de descanso. ¡Disfrútelo!

• *Diseño.* Muchas madres me dicen que les gustaría crear un estilo y un ambiente general para su hogar. Aun si no tienen la oportunidad de viajar, tienen idea —gracias a la Internet, a la televisión y a la lectura de libros y revistas— de ciertos temas que captan su interés. Nuestra filosofía del diseño en KIWW se basa en ocho guías de estilo (*Style Guides*™) que hemos creado a partir de nuestras conversaciones con madres y de nuestras propias observaciones y viajes: *Aloha, Americana, Architectural, European Country, Far East Dreams, Ivory Coast, In Russian Style* y *La Vida Buena.* Todos los productos que diseñamos, desde joyas a calcetines, pasando por el cuidado del hogar y de la piel, alientan nuestros estilos y se inspiran en ellos.

El establecer un diseño unificado para su hogar puede ser más fácil y asequible de lo que pudiera pensar. Primero, identifique el estilo que tiene más probabilidades de hacerla feliz y entusiasmarla durante unos cuantos años. Luego haga una lista, habitación por habitación, de los objetos que la ayudarán a establecer el estilo que usted quiere. Determine el costo de cada uno de ellos y priorícelos según su presupuesto y las habitaciones que más usa. Esté dispuesta a hacer compras en ventas de garaje y propiedades y tiendas de segunda mano para mantener sus gastos bajo control. Sea paciente y aténgase a su presupuesto. No sucederá de la noche a la mañana, pero si comienza hoy la casa de sus sueños puede convertirse en realidad.

PROBLEMA: Lo reconozco: estoy abrumada. Tengo problemas conyugales, problemas con los niños, problemas económicos y la casa es un desastre total. Algunos días me siento tan desanimada que apenas puedo salir de la cama. Para mí, ahora mismo la idea de ser feliz suena como un cuento de hadas. ¡Auxilio!

SOLUCIÓN: Mantenga una perspectiva positiva y tome pequeñas medidas.

Un viejo refrán italiano dice «sin esperanza, el corazón se muere». No deje que muera su corazón: ¡hay esperanza! Entiendo lo que es sentirse abrumada por la maternidad. No puedo pensar en ningún trabajo que sea más importante y gratificante —ni más exigente ni que imponga mayores obstáculos— que el criar hijos. Es enorme. Es heroico.

Para mantener ese desafío en perspectiva, es vital tener una visión de sus circunstancias a largo plazo. Cada fase de la vida es una estación y, aunque es difícil de imaginar en su momento, cada una de ellas pasa. Hágase estas simples preguntas: ¿Estoy haciendo lo mejor que puedo como esposa y madre? ¿Saben mi marido y mis hijos que los amo y que estoy decidida a dar la cara por ellos? Pese a los fallos inevitables, ¿estoy preparando a nuestros hijos para que se orienten en una dirección que coincida con las prioridades de nuestra familia? Si es así, probablemente está administrando su vida y la de su familia muchísimo mejor de lo que usted misma piensa. Aun si no estuviera ganando la batalla actualmente, es probable que aún esté ganando la guerra.

En esas mañanas cuando usted se despierta y no cree que

puede enfrentarse a otro día, recuerde que el sol saldrá al día siguiente. El apuntar simplemente unas cuantas cosas por las que tiene que estar agradecida en ese momento puede ser sorprendentemente alentador. Tal vez su lista es tan básica que cuente sólo con los hijos con los que ha sido bendecida, que haya comida en la nevera, que tenga una o dos amigas que parezcan apreciarla. La Biblia nos alienta a pensar en «todo lo verdadero, todo lo respetable, todo lo justo, todo lo puro, todo lo amable, todo lo digno de admiración» (Filipenses 4:8). Dese unos cuantos minutos cada día para recordar las cosas buenas de su vida. Podemos encontrar la felicidad incluso en los momentos más sombríos si nos detenemos a buscarla.

Cuando nos sentimos descorazonados y abrumados, es como si viéramos la vida a través de unas gafas de sol. El mundo parece oscuro y mudo. No podemos ver realmente los hermosos paisajes que Dios ha pintado, los brillantes cielos azules, la aterciopelada hierba verde, los opulentos campos pardos y los océanos de espumeante zafiro. Esto me hace acordar de una de las maravillosas canciones que interpretaban unos extraordinarios amigos, Marilyn McCoo y Billy Davis Jr., cuando integraban el grupo vocal Fifth Dimension. La canción se titula «Deje entrar la luz del sol» (*Let the Sunshine In*). Si hacemos un esfuerzo consciente para quitarnos esas gafas oscuras y abrimos nuestros ojos y nuestros corazones, la luz del sol puede derramarse. Podemos apreciar no sólo la belleza física de la creación de Dios, sino también los actos de amor y bondad que nos rodean cuando nos tomamos el tiempo de advertirlos. Cuando no está concentrada en usted misma, sino en las personas y en las bendiciones que Dios le ha dado, no puede dejar de aproximarse a la alegría.

Otra sugerencia, si con frecuencia despierta sintiéndose abrumada, haga una lista de lo que le gustaría realizar ese día o incluso en el transcurso de las próximas dos horas. Manténgala breve y sea realista. Un día tiene sólo veinticuatro horas y usted no puede esperar resolver todos los problemas rápidamente. Al dividir sus tareas en pedacitos pequeños, encontrará más fácil enfrentarse a sus problemas sin sentirse decepcionada.

Especialmente cuando nuestros tres hijos eran más pequeños, había días en que las dificultades parecían mucho más frecuentes que el éxito. Creo que la batalla se gana cuando usted acepta que esos días se presentarán y se prepara para ellos. No vivimos en un mundo de cuentos de hadas; vivimos en el mundo real, espere pues lo inesperado. He aquí algunas soluciones sencillas que pueden ayudarla a obtener la paz que usted y el resto de su familia necesitan:

• Encuentre a una madre que necesite tanta ayuda como usted y altérnense cuidando a todos los niños una mañana o una noche. Es sorprendente lo que dos horas libres pueden hacer para levantar el espíritu.

• Haga que sus hijos —no importa lo crecidos que estén— hagan un ejercicio de «para y limpia» durante quince minutos. Reúna a todo el mundo, déles rápidamente algunas tareas, ponga en marcha el reloj de la cocina y grite «¡fuera!». Se sorprenderá cuánto puede hacerse en tan corto tiempo. Una sencilla recompensa, tal como un juego familiar, hará de esto una diversión para los niños en lugar de un deber.

- Busque asesoría o consejería de matrimonios en su iglesia local. La mayoría de las iglesias tienen establecido un grupo de apoyo para parejas que se enfrentan a los baches y asperezas de la vida. Ataje los problemas al principio de su matrimonio, no deje que se enconen.

- Si realmente no puede sobreponerse a una abrumadora sensación de desasosiego o ansiedad, comparta sus preocupaciones con su médico de cabecera. Es importante hacer algo. Para ser la mejor madre que usted puede ser, su familia la necesita saludable y feliz.

PROBLEMA: Solía ser una persona organizada. Ahora que tengo hijos, nuestra casa es un revoltijo. Olvido mis citas y no puedo encontrar nada. ¿Quién puede ser feliz viviendo así?

SOLUCIÓN: Encuentre un sistema de organización que funcione y ¡hágase cargo!

Siempre he tenido la bendición de una buena memoria. Hace años podía estar sentada en una reunión de negocios, discutiendo importantes cifras y datos mientras uno de mis socios me decía, «¿No vas a apuntar eso?». «No», le habría respondido, «está bien. Ya lo tengo». No tenía problema en recordar detalles minuciosos, tales como el cumpleaños de una compañera del kindergarten que ni siquiera había sido mi amiga. Sin embargo, tan pronto como nació nuestro hijo mi vida cambió drásticamente. Mis deberes aumentaron y me di cuenta de que ya no podía confiar en mi memoria. Era responsable por algo más que mi propia vida. Algo había cambiado. Necesitaba un sistema.

Para mí, el sistema que funciona (al menos la mayor parte del tiempo) es un calendario en la nevera con enormes cuadrados para cada día, lo cual deja espacio suficiente para escribir mis citas y todos los diversos compromisos de nuestra familia. Es sencillo y está en un lugar muy visible, de manera que cuando cambian las lecciones de tenis de Lily, todos podemos ver los cambios en el calendario. A esto le agrego algunas notas autoadhesivas —montones de ellas. Las he pegado en la cafetera, en mi teléfono y especialmente en mi auto. A veces el interior del auto parece que ha sido atacado por un tornado de papel. No es muy sofisticado que digamos, pero a mí suele funcionarme. Incluso con ese sistema, reconozco que a veces se me escapan cosas. Haciendo malabarismos con tres vidas además de mis responsabilidades personales y profesionales, las cosas no siempre salen de manera perfecta o exactamente a tiempo. Sin embargo, la mayoría de las veces nuestra técnica del calendario y las notas autoadhesivas nos mantiene organizados y programados.

Todo el mundo es único, de manera que este enfoque puede que no funcione tan bien para usted y su familia. Usted podría preferir llevar una agenda o valerse de una computadora portátil y su programa de planificación electrónico. Cualquiera que sea el medio que escoja, es importante que tenga algún tipo de sistema que le resulte efectivo a usted y su familia para estar al tanto de sus compromisos y responsabilidades. Si encuentra que está faltando a reuniones porque su memoria no es ya lo que solía ser, contemple el mejorar su sistema actual o adoptar uno nuevo. La organización es fundamental para un hogar feliz.

Otra parte importante de organizarse es controlar el reguero. Antes de que se percate, su casa puede estar repleta de cosas que usted no quiere, no usa y no necesita. Todas esas cosas ocupan un lugar físico y mental. Abarrotan su área de vivir y le causan estrés y una sensación de caos. Usted puede no querer enfrentarlo, pero será más feliz si lo hace. Es hora de despejar el reguero.

Tenemos un sistema en nuestra compañía por correo electrónico al que llamamos DDD, las tres iniciales en inglés de *hazlo*, *delégalo* o *deséchalo*. Delegar no significa pasar el cubo, sino dárselo a alguien que hará algo con eso. Éste es un sistema efectivo para el trabajo y para la casa. Reserve un día o un fin de semana o incluso una semana si fuera necesario y reclute al resto de su familia para que la ayude con este proyecto. Vaya habitación por habitación e identifique lo que pueda reciclarse, lo que pueda donarse a una organización benéfica o a una familia necesitada y lo que deba tirarse. El refrán «si tienes duda, tíralo» definitivamente se aplica aquí. Si aspira a hacer una venta de garaje, hágala. Reducirá el abarrote y hará dinero al mismo tiempo.

Una vez que haya recogido su casa, no se quede ahí. Establezca sistemas que la ayudarán a evitar que caiga nuevamente en el caos del abarrotamiento. El almacenamiento es realmente un problema. Nuestros hijos, por ejemplo, traen a casa tareas inacabadas y notas de sus maestros casi todos los días. Para no quedar sepultados en una avalancha de papel, cada uno de los niños hizo y pintó una carpeta de madera con la forma de una casa, las cuales se mantienen en la cocina, y todas las tardes los nuevos papeles se archivan en sus respectivas casas, listos para que yo los lea cuando tenga un minuto para sentarme. Los tubos plásticos que pueden meterse en un armario o debajo de la cama son otro modo estupendo de organizar y guardar papeles que uno no necesita todos los días. Conozco a una madre con cuatro hijos que para ahorrar espacio fotografió los proyectos escolares de sus hijos y sus trabajos manuales y los almacenó todos en CDs. Es una gran solución para conservar recuerdos queridos al tiempo que se ahorra espacio.

Es importante también enseñarle a sus hijos a limpiar y organizar. Usted puede ayudarlos agregándoles estantes para sombreros y zapatos en sus cuartos y poniendo anaqueles para los juguetes y juegos. Conciba una manera sencilla de comprobar que están siendo organizados. Si dos niños comparten una habitación, divídala con una línea imaginaria y asígnele a cada uno la responsabilidad de mantener su segmento ordenado. Cuanto antes cree en sus hijos los buenos hábitos de la limpieza, tanto antes contará con la ayuda que necesita para tener una casa ordenada y feliz.

PROBLEMA: Estoy tan ocupada con el trabajo y otros compromisos que no paso mucho tiempo con mis hijos; pero cuando estoy con ellos, intento hacer lo más que puedo. ¿No es la calidad del tiempo más importante que la cantidad?

SOLUCIÓN: Esfuércese por combinar calidad y cantidad.

Es cierto que la calidad de la interacción con sus hijos es extremadamente importante. Si trabaja fuera de casa, el tiempo con su familia será aun más limitado; en consecuencia, es fundamental que lo administre con prudencia. Haga de la relación personal con sus hijos una prioridad diaria. Eso significa tiempo cuando usted no esté distraída por quehaceres domésticos o llamadas por teléfono, o perdida en una nube de preocupaciones relacionadas con el trabajo. Ésta es su oportunidad de concentrarse en sus hijos y enterarse de lo que ocurre en sus vidas: pregunte acerca de la escuela, lean juntos, ríanse, enjugue lágrimas y disfruten mutuamente de su compañía. Deje que sus hijos sepan que su tiempo con ellos es sagrado y algo con lo que pueden contar.

Sin embargo, así como es importante la calidad del tiempo que pasa con sus hijos, creo que la cantidad es igualmente significativa. No podemos esperar que nuestros hijos se franqueen y compartan con nosotros a la hora de comer. Esos momentos ocurren durante esas ocasiones insignificantes cuando estamos sentados juntos en el suelo armando un rompecabezas o simplemente pasándola bien. Nuestro hijo Erik, luego de terminar su tarea por la noche, con frecuencia se sienta en el suelo de la cocina con un tazón de cereal. Yo he aprendido que ése es el momento de conversar y es una de mis mejores oportunidades de conectarme con él. Incluso si las madres estamos cansadas y tenemos otras cosas en mente, es fundamental que seamos accesibles en esos momentos. Eso sólo puede suceder si estamos presentes.

Cuando nuestros hijos comienzan a sincerarse, permítales que se expresen. Muéstreles que usted los toma en serio, al igual que a sus estados de ánimo y sus opiniones. Sus opiniones a menudo diferirán de las suyas. Eso está bien —convenga o discrepe. Es más importante mantener abiertos los canales de comunicación que imponerles a sus hijos sus puntos de vista.

Esté presta a escuchar, sea lenta para responder y lenta para enojarse. Dios no comete errores. Él nos dio dos oídos y una boca porque debemos escuchar dos veces más de lo que hablamos. Si permite que sus hijos expresen plenamente sus sentimientos y preocupaciones, creará una atmósfera más acogedora y alegre en su casa; y ellos serán más receptivos a su respuesta cuando sepan cuán pacientemente usted escucha y considera sus ideas.

NICHOLAS WALKER,
DISEÑADOR DE JARDINES DE J DU J
Disfrute de un toque de la naturaleza

Para las madres y familias que buscan añadir más felicidad a sus vidas, no hay nada como un toque de naturaleza para acrecentarles la alegría. Cuando los padres y los hijos experimentan la variedad y la belleza de la creación de Dios, no pueden dejar de adquirir un profundo aprecio por su entorno y por sus seres queridos.

Crear y mantener un jardín de niños, por ejemplo, es un proyecto que puede resultar fácil y divertido para todos. Usted podría preparar un pequeño cantero en un área soleada y luego dejar que sus hijos planten semillas de lechuga o de rábanos de manera que formen sus iniciales. Pruebe con un paquete de semillas germinativas y observe cómo opera la naturaleza. Instale un bebedero de aves, podría seguir un diseño elaborado o ser tan sólo un simple tazón que atraerá a mariposas, escarabajos, pájaros y polinizadores, ayudándole a establecer su propio ecosistema.

Plantas aéreas de hojas perennes, que absorben lo que necesitan para vivir del aire más que de sus raíces, son una gran opción para personas que no tienen buena mano para las plantas. Pueden tolerar largos períodos sin agua y pueden situarse dentro o cerca de cualquier cosa. Una opción popular es colgarlas de un hilo de pescar.

Por supuesto, no todo el mundo cuenta con un jardín exterior. Si usted vive en un apartamento o le intimida la idea del proyecto de un jardín, ¿por qué no trae la belleza del exterior a su casa? A continuación le presento unas cuantas ideas básicas en las que todos en la familia pueden participar y disfrutar:

- *Compost (abono orgánico).* Coloque un recipiente de acero inoxidable cerca del lavadero de la cocina. En lugar de tirar a la basura los recortes de lechuga, de zanahorias, la borra del café y las cáscaras de huevos, tírelas en su recipiente. Póngalos luego en un pequeño muladar en el traspatio donde se descompondrá el abono —un área cuadrada de tres pies por tres pies, cercada por listones de madera o por una malla de alambre, es ideal. Reúna materiales «pardos» tales como periódicos, hojas, aserrín y desperdicios secos del jardín; mézclelos con los desperdicios «verdes» de su recipiente de acero (una parte verde por dos partes pardas), y remuévalos regularmente con una horqueta. No tardará en tener nutrientes orgánicos que pueda usar para alimentar y repoblar su jardín.

- *Hierbas.* Las hierbas crecen con facilidad y exigen poco más que un suelo con buen drenaje, luz solar y agua. Para empezar, todo lo que necesita es una maceta de flores o una jardinera, tierra y la hierba de su elección. Sus opciones van desde la albahaca hasta la aquilea o milenrama y todo lo que media entre ellas y realzará toda suerte de delicias culinarias.

- *Agua.* Llevar agua al interior de su casa —por ejemplo, por medio de una fuente— puede aumentar el interés visual, ayudar a purificar el aire y proporcionar un rumor ambiental propicio al descanso. Deje que sus hijos la ayuden a decidir qué y dónde, y se convertirá en un proyecto que toda la familia apreciará.

CHEF ANDRÉ CARTHEN DE ACAFE

Planee su fiesta de manera fácil y divertida

He visto lo que ocurre a menudo en fiestas y otros eventos: todo el mundo pasa un buen rato... excepto el anfitrión. Esa persona, a menudo una madre, ha estado tan ocupada en planear y hacer realidad una noche estupenda para sus invitados que para ella la diversión se esfumó. Mamá, estoy aquí para decirle que usted no tiene que hacerlo todo. ¡Usted también debe disfrutar su fiesta!

Teniendo presente este mensaje, he aquí unos cuantos consejos para hacer que la planificación de su fiesta resulte fácil y divertida para todos, incluida la anfitriona.

1. Conozca el tema de la fiesta. Si es una celebración de cumpleaños, un *brunch*, una fiesta en la tarde, reuniones de Navidad o cenas, éste es el punto de partida.

2. Elija el momento y el lugar. En el verano, una reunión casual a cielo abierto puede captar perfectamente el espíritu de la temporada. Cuando llegan las fiestas navideñas, la elegancia del interior puede ser la preferida.

3. Decida el número de invitados. Si va a invitar a muchas personas, puede que prefiera contemplar la posibilidad de otro lugar que no sea su casa. Esto funciona muy bien para una fiesta infantil: alguien se ocupa de los arreglos, usted simplemente asiste y otra persona limpia. Pero para una acogida personal, nada supera a su casa.

4. Aténgase a su presupuesto. Especialmente cuando se trata de una fiesta pequeña, no tema pedirle ayuda a sus invitados. Si una pareja trae bebida y otra trae un postre, usted puede concentrarse en el plato principal. Cuando vaya de compras al mercado, busque lo que está en rebaja y no se olvide de mirar hacia la parte baja de los estantes. Los artículos más caros de marca se colocan al nivel de los ojos. Más cerca del piso encontrará las marcas genéricas, que suelen ser igualmente buenas, así como las opciones orgánicas —que son más sanas y se venden a precios más razonables que sus homólogas más conocidas. Y para comprar los mejores productos, busque las frutas y hortalizas que están de temporada.

5. Seleccione su menú. Éste se basará en todo lo anterior. De nuevo, mantenga sus opciones tan libres de estrés como le sea posible. Si ya sabe cómo preparar un estupendo plato de pollo o una lasaña de carne, haga eso y (si está en su presupuesto) mande a hacer el postre. O coja un pollo asado o artículos del *delicatessen* en el mercado y prepare una ensalada. Si el evento es de niños, piense en comidas divertidas que no sean demasiado grasosas, tales como papitas asadas. Piense en presentar comidas de colores brillantes en su menú: atraen visualmente y encontrará una amplia variedad de opciones sanas.

Otro detalle a recordar: una buena fiesta debe despertar todos sus sentidos. Contemple el uso de velas perfumadas y de varitas de incienso. Procure un despliegue visual vivo, atractivo (y costeable) que le venga bien a su casa: digamos, conchas de mar provenientes del cuarto de su hija o bellotas de pino o la rama de un arce de su traspatio. Las servilletas y los mantelitos pueden ser elegantes tanto visualmente como al tacto. Su elección de la música puede añadirle el toque decisivo a la ocasión. Esta es una oportunidad de ser creativo en tanto mantiene la diversión.

Finalmente, invite a su familia a ayudarle a preparar su gran evento. Sus hijos, por ejemplo, podrían ayudarla a escoger los ingredientes para la ensalada. Si fueran lo bastante mayores, podrían ayudarla a reunir los elementos visuales, poner la mesa y preparar los aperitivos. Cuanto más participen, tanto más todos disfrutarán los preparativos. Cualquiera que sea el acontecimiento, sólo recuerde que usted no tiene que hacerlo todo. La fiesta divertida y fácil es siempre la mejor.

Cuestionario evaluativo sobre soluciones para la felicidad

☐ ¿Vive usted según su definición de felicidad y no conforme a la de otra persona?

☐ ¿Sabe cuáles son sus prioridades y pasiones y las procura?

☐ ¿Experimenta alegría en su entorno físico?

☐ ¿Se ve frenada por el desaliento o la depresión? De ser así, ¿qué puede hacer al respecto hoy mismo?

☐ ¿Es el ambiente de su casa alegre?

☐ ¿Cómo se honran unos a otros en su familia?

☐ ¿Reserva apacibles «momentos burbuja» para su familia?

☐ ¿Tiene una perspectiva adecuada de los muchos obstáculos que presenta la maternidad?

☐ ¿Dedica tiempo de calidad a sus hijos? ¿Lo hace frecuentemente?

☐ ¿Escucha realmente a sus hijos y reacciona en base a lo que oye?

capítulo tres

Su hogar
saludable

Todos los años nuestra familia decide ser más

saludable, pero de algún modo nunca parece que

encontramos el tiempo y la motivación. ¿Cómo

puedo cuidar mejor de mi familia y de mí misma?

*H*ace unos pocos años, una familia que conozco sufrió una terrible tragedia. El padre (para proteger su privacidad lo llamaré «John») era un marido amoroso de cuarenta y dos años, padre de tres hijos y un hombre de fe. John, atareado y exitoso restaurador, regresaba a su casa en el sur de California luego de un viaje de negocios cuando sintió dolores en el pecho y falta de aire. Desde su auto en el estacionamiento del aeropuerto llamó a un médico amigo. «Tienes un ataque cardíaco», le dijo el amigo. No esperes para ir al hospital y no trates de manejar. Tómate una aspirina y llama al 911».

John estaba preparado. Tenía aspirina en su auto y se tomó una antes de llamar al 911. En cuestión de minutos llegaron los paramédicos, lo atendieron y lo montaron en la ambulancia. Había sufrido un infarto masivo, pero uno de los enfermeros le dijo que saldría bien. John estaba asustado pero confiado. Incluso se sintió lo bastante bien para llamar a su esposa y pedirle que se reuniera con él en el hospital. Sin embargo, justo al llegar, sufrió un segundo infarto grave. Los paramédicos batallaron valientemente e hicieron lo posible por salvarlo, pero cuando sacaron a John de la ambulancia ya estaba muerto.

John era delgado y no había tenido ningún síntoma previo

de problemas cardíacos. Sin embargo, la autopsia mostraba que sus triglicéridos estaban altos, que su niveles de la proteína C reactiva estaban por las nubes y que múltiples arterias de su corazón estaban obstruidas. John no comía demasiado, pero aparentemente no comía bien ni tenía tiempo suficiente para hacer ejercicio y no conocía el verdadero estado de su salud cardíaca.

Esta historia fue una voz de alarma para mí. En apariencia, la salud de John parecía buena. Llevaba una vida plena y activa. Sin embargo, debajo de la superficie la situación no era todo lo que parecía. Él se habría quedado pasmado de ver un vídeo de lo que pasaba dentro de su cuerpo. Eso me hizo pensar qué mostraría un vídeo de mi interior.

No mucho después de la muerte de John, recibí una segunda señal de alarma. Estaba inmersa en el trabajo de una de nuestras ferias de muebles en Las Vegas. Durante un raro descanso, me senté con una taza de café y una galletita. Uno de mis socios se me acercó y me sugirió que debía cuidarme un poco más. Reconozco que reaccioné un poco a la defensiva. Bueno, tal vez más que un poco. «Estoy muy ocupada», le dije. «Ahora mismo estoy concentrada en ser madre y en dirigir este negocio. Sencillamente no tengo el tiempo».

Usted probablemente ha dicho algo semejante mientras pasa en su auto frente al gimnasio local o se cruza con alguien que trota en su barrio. Déjeme recordarle lo que mi socio me hizo recordar: al comienzo de cada viaje aéreo, las azafatas nos instruyen sobre cómo debemos ponernos nuestras máscaras de oxígeno antes de que intentemos ponerle una a otra persona. No podemos ayudar a los otros —nuestros maridos, nuestros hijos, nuestros amigos— si estamos incapacitados.

Estos dos incidentes me obligaron a hacerme dos preguntas

difíciles: ¿estoy dispuesta a dejar que mi agenda me separe de mis hijos en esta vida? ¿Vale tanto mi trabajo para correr el riesgo de dejar a Greg convertido en un padre soltero? ¿Quién lo ayudará a atender a nuestros hijos si yo falto? ¿Qué es lo realmente importante?

El vivir sanamente es un enorme desafío para las madres atareadas. Tiran de nosotras en todas direcciones y usualmente cada uno de esos tirones tiene una importancia decisiva. Luego que Erik, nuestro hijo, naciera, tuve la oportunidad de hacer ejercicio físico. Sin embargo, mis rutinas de vida pronto cambiaron. Nació nuestra hija Lily y el negocio se hizo más exitoso y se expandió. Luego nació Chloe, nuestra segunda hija, y estábamos aun más ocupados personal y profesionalmente. De repente, tomar tiempo para hacer ejercicios o planear comidas sanas para mi esposo y para mí parecía un lujo que ya no me podía dar. Nuestros horarios de comer, dormir y despertarse se centraron en torno a las necesidades de los niños. Apenas tenía tiempo de cepillarme los dientes.

Con bastante frecuencia, un día de veinticuatro horas casi no parecía alcanzar para todo. Cuando su horario está desbordado, las necesidades de la familia tienden a tener precedencia sobre las suyas. Tomar tiempo para ocuparse de usted misma puede hacerle sentir egoísta —pero no lo es. Recuerde, tiene que ponerse su propia máscara de oxígeno primero. Es lo mejor que puede hacer por su familia.

Alimento para sus pensamientos

Después de las dos señales de alarma que recibí, también me di cuenta de que no sabía de nutrición tanto como debiera. Tuve que hacer una pequeña investigación. Por ejemplo, siempre había pensado que el filete miñón era una elección dietética lujosa, cara y grasosa. Podría haber tenido razón respecto a las dos primeras cosas, pero me quedé sorprendida de saber que el filete miñón, un corte del lomo, es realmente una de las carnes más magras que una puede comprar.

Si usted tampoco es experta en nutrición, puede que sea hora de que se familiarice con la famosa pirámide alimentaria. Podría sorprenderse de ver cuánto ha cambiado desde la que estudiamos en la escuela. En 2005, el Departamento de Agricultura de EE.UU. (USDA) publicó *MyPyramid*, un sistema revisado de la guía alimentaria que hace énfasis en los cereales, las hortalizas, las frutas, los productos lácteos, las carnes y las habas. Las normas recomiendan seguir una dieta variada, comer con moderación, realizar actividad física como parte de su plan de salud. El programa de la nueva pirámide también ofrece consejos sobre cómo personalizar su propio plan. Usted puede aprender más acerca de las recomendaciones del USDA en www.mypyramid.gov.

Desde mi perspectiva, entrar en una rutina regular de comer saludablemente es mucho más efectivo que buscar una solución rápida mediante dieta y otros métodos. Sé que hay muchas dietas estupendas que ayudan a que las persona pierdan de peso. Sin embargo, con demasiada frecuencia he observado a amigos y miembros de mi familia que luchan con problemas de peso cambiar de una dieta para otra en busca de una solución mágica que nunca parecen encontrar. Pierden algunas libras, luego aumentan aun más y, de inmediato, pasan a la próxima «solución rápida».

Me gusta el equilibrio. Creo que va a sentirse mucho mejor si se impone una meta realista de perder una libra o dos a la semana en lugar de confiar en esos programas para perder peso rápidamente que pueden ser difíciles de mantener a largo plazo y que son perjudiciales para la salud. Creo también que la nutrición sin cosas que nos gusten es muy aburrida. En el momento en que usted afirme que un alimento o un postre específico está prohibido, por supuesto que lo va a desear, anhelar y exigir. Esa es la manera en que respondemos a la privación. Es imperativo no ser autoindulgente, pero si usted puede tomar una pequeña ración de algo azucarado y delicioso (a menos que su médico se lo prohíba debido a diabetes u otra afección), disfrútelo y deténgase ahí —y si combina esos gustos ocasionales con alimentos sanos, va a estar muy bien.

Me complace que nuestra sociedad está adquiriendo una mayor comprensión de los peligros causados por el comer en exceso y por la obesidad. Algunos investigadores calculan que un tercio de los niños en Estados Unidos o tienen sobrepeso o son obesos. Stephanie Nano, escritora de la Prensa Asociada, reportó que «un creciente número de niños obesos está siendo diagnosticado con diabetes de tipo 2, hipertensión arterial, altos niveles del colesterol malo y otras complicaciones de la obesidad que rara vez se veían en los niños antes»[1]. Cuando las personas no tienen uno, sino varios de esos problemas médicos, están sufriendo de *síndrome metabólico*. Usted querrá saber más acerca del síndrome metabólico de lo que podemos informarle en este libro. Entienda, por favor, que es real y muy peligroso.

Es importante que se instruya al respecto. El síndrome metabólico con frecuencia pasa inadvertido, pero es un problema creciente y terrible.

La crisis de la obesidad merece la atención que recibe. Sin embargo, igual de preocupante es el creciente número de personas que están demasiado delgadas. La industria del modelaje se ha dedicado a que mujeres y hombres por igual, se maten de hambre para lograr tallas y figuras que no son naturales; pero el problema afecta ahora a las familias comunes y corrientes a lo largo y ancho de toda la sociedad. Niños de hasta seis años de edad padecen de anorexia. El comer compulsivamente y la anorexia son lados de la misma moneda: ambos conllevan relaciones malsanas con la comida. Si sospecha que usted o algunos de sus seres queridos está padeciendo de un trastorno de la alimentación, busque la ayuda que necesita. Muchos programas de consejería están disponibles para ayudar a la gente a resolver esos problemas difíciles.

Si bien los orígenes de los trastornos del comer son complejos, y yo no pretendo sugerir que tengo todas las respuestas, hay algo que sí sé: el placer temporal de agregar o substraer calorías nunca resulta a largo plazo. Su felicidad tendrá finalmente que provenir de una fuente más profunda. Para mí, proviene de mi relación con Dios, con mi familia y de servir a otros. Ese también puede ser su caso, como también su felicidad puede brotar de otra prioridad en su vida. De cualquier manera, en esa prioridad es en la que debe concentrarse —independientemente de su cuenta de calorías.

Llevar una vida activa

Laura Bush es una mujer sorprendente, y no sólo porque fuera paciente y amable conmigo cuando una de nuestras hijas tuvo una crisis durante una visita navideña a la Casa Blanca. Admiro muchas de sus cualidades y me siento inspirada por su dedicación a promover la buena salud entre las mujeres. A través de su participación en la campaña La verdad del corazón y en el Día Nacional de Vestirse de Rojo, ha propagado el mensaje de que las enfermedades cardiovasculares son el primer enemigo mortal de las mujeres en Estados Unidos y que cobran más vidas todos los años que todas las formas de cáncer juntas.

De hecho, he tenido la oportunidad de conocer y compartir con Laura Bush y Hillary Clinton, dos mujeres increíblemente atareadas que han hecho una prioridad el cuidar de sus corazones y de sí mismas. Entienden que ser activas no es lo mismo que ser saludables. Éstas son mujeres que han llegado a adquirir conocimientos sobre la nutrición y que han incluido el ejercicio regular dentro de su rutina. No importa cuáles sean nuestras afiliaciones políticas, estoy segura de que todas estamos de acuerdo de que cuidar de nuestros cuerpos es algo de primera importancia.

Una de las mejores maneras de darse a usted misma el regalo de un corazón sano y de alcanzar una buena salud en general, es con actividad física. Hemos oído hablar de eso, todos lo sabemos, ahora bien, ¿cómo hacemos el cambio? Es como la consigna publicitaria de Nike: «Hágalo no más» (*Just do it*). No hay escapatoria. Cada día de aplazamiento, es un día de peligro. Si el ejercicio regular no es parte de su rutina, contemple el practicar los deportes y realizar las actividades que más disfruta. Caminar es uno de mis ejercicios preferidos. Cualquier actividad física con nuestro hijos constituye una gran alegría. También me encanta montar en bicicleta, hacer excursiones, nadar y surfear. Los programas regulares y organizados no son tan emocionantes para mí como el descubrir las cosas divertidas que puedo hacer que conllevan una actividad física. Un programa tal como la danza aeróbica puede funcionarle estupendamente. Encuentre cualquier cosa que pueda disfrutar y es probable que le tome el gusto, y haga un plan para incluir esa actividad en su estilo de vida.

Tal vez usted puede caminar o ir en bicicleta hasta el buzón o la estación de correos, en lugar de ir en auto. Tal vez podría dedicar dos mañanas a la semana a nadar en el club atlético de la localidad o en la piscina pública o a trotar en torno a la pista de la escuela, algo que yo he hecho con mi familia. La jardinería es otra gran actividad que proporciona beneficios cardiovasculares.

Si comienza con sólo sesiones de ejercicios de tres a diez minutos cada semana, no tardará en adquirir el hábito. Luego empiece a expandir su actividad a quince o veinte minutos por sesión, y no tardará en advertir cambios extraordinarios que le vendrán muy bien. Se sentirá mejor, dormirá mejor y fortalecerá su corazón.

Ahora que me encuentro en los cuarenta, he aprendido que estirarme también es importante. He tenido por mucho tiempo problemas con mi postura. Tiendo a no mantenerme derecha cuando estoy de pie. También he tenido problemas recurrentes con la rodilla que me lesioné hace años mientras esquiaba. Y con todo el ajetreo que tengo como madre, a menudo con un niño a la espalda, he descubierto que realizar con regularidad ejercicios de estiramiento me alivia mucho del estrés que le impongo a mi cuerpo. Dedique unos cuantos minutos al día a estirarse, tal vez en la mañana o inmediatamente antes de dormir, y no tardará en notar que está más ágil y con menos probabilidad de que se le contraigan los músculos. En la Internet puede encontrar una variedad de efectivos ejercicios de estiramiento y excelentes programas de vídeo. Examínelos y elija los ejercicios y programas que más le gusten.

Según se empeña en mejorar su salud general, recuerde tonificar sus extremidades superiores. Si no hacemos ejercicios, al envejecer los brazos empiezan a perder el tono muscular. La fuerza de la parte superior del cuerpo es importante por muchas razones además de la vanidad. Me acuerdo una vez en que estaba embarazada y conducía sola mi automóvil. Mientras esperaba en un semáforo, vi a alguien que me hizo sentir incómoda. Algo respecto a ese hombre despertó mi temor. Le puse el seguro a las puertas del auto (algo que siempre hago cuando estoy con los niños), pero me di cuenta de que podría no bastar. En ese momento pensé que quizás no estaba físicamente equipada para defenderme. Decidí que necesitaba hacer algunos cambios en mis hábitos de ejercicios. He descubierto que unas cuantas planchas modificadas todos los días ayudan extraordinariamente a aumentar la fuerza de la parte superior del cuerpo. Desarrollar la fuerza y flexibilidad de las extremidades inferiores contribuirá también a que se sienta apta para enfrentar una emergencia, y luego descubrirá otro estupendo beneficio: una mayor tranquilidad mental.

Comer bien y adoptar o proseguir un programa de aptitud física, la ayudara a algo más que mantener su cuerpo en forma.

Será bueno también como un ejemplo para el resto de su familia. Esto es importante. Debido a los peligros del mundo actual, nuestros hijos no tienen las mismas oportunidades que nosotros tuvimos de correr y jugar sin supervisión y de quemar energía. Muéstreles cómo tomar decisiones saludables con respecto a lo que comen y cómo el ejercicio aumenta la probabilidad de que mantengan esos hábitos en su vida adulta. Cuando sea el momento de cocinar una comida o de preparar una ensalada, invite a sus hijos a la cocina y pídales que la ayuden a escoger los ingredientes o, si son lo bastante grandes, a cortar la zanahoria y el apio. Del mismo modo, cuando planifique un evento familiar fuera de casa o unas vacaciones, déle a sus hijos la oportunidad de escoger algunas actividades físicas. Cuando sientan un interés personal en sus comidas o en su agenda de vacaciones, habrá más probabilidades de que las adopten.

Mientras se concentra en su salud y la de su familia, se enfrentará, por supuesto, con algunos obstáculos. ¡No deje que la desanimen! Recuerdo mi primera visita a una clase de aeróbicos y cuán entusiasmada me sentía por estar haciendo algo por mi salud. Para mí, resultó ser más difícil de lo que parecía —no podía mantenerme en sincronía con el instructor. No fui la única en notarlo. Al término de la clase, alguien dijo que mi torpeza sacaba del paso a otros estudiantes. ¡Qué humillación! Salí del salón sintiéndome como un fracaso y cuestionando si el esfuerzo por ser saludable valía la pena. No obstante, en mi fuero interno, sabía que sí valía la pena —por mí y por amor a mi familia. Decidí concentrarme en otros ejercicios que disfrutaba, tales como excursionar, montar en bicicleta y nadar. Años después, cuando ya tenía un certificado como instructora física, recordé aquella embarazosa experiencia y pude reírme. Estoy contenta de no haberme rendido. Usted tampoco debe hacerlo.

Mantener una buena salud, al igual que estar en control de sus finanzas, es un continuo acto de equilibrio. Es fácil caerse de vez en cuando, lo cual está bien siempre que logre reincorporarse. Usted puede tener un mal día y comer demasiado. Puede tener una mala semana y descuidar su programa de ejercicios. Pero si renueva su compromiso a largo plazo y vuelve a su rutina, tiene muchas más probabilidades de disfrutar de un buen mes, un buen año y una buena vida.

No lo aplace: vea a su médico hoy

Ya usted sabe que Greg, mi marido, es médico en una sala de emergencias. Como puede imaginar, nuestros amigos prefieren verlo en ambientes sociales que cuando está de guardia. El hecho es que a ninguno de nosotros le gusta ir al médico. Preferimos aplazar todos esos hurgamientos y pinchazos para otro día, muchísimas gracias. Sin embargo, la verdad es que los chequeos regulares pueden corregir inconvenientes menores ahora que podrían convertirse en problemas mayores después. La insto a hacerle esa visita al médico que está aplazando y mantener la cita para la mamografía.

Hace años, hice una serie de consejos de salud para el programa *Today* de NBC, donde trabajé con Katie Couric. Tiempo después me tocó admirar el valor de Katie durante la tragedia de perder a su marido, víctima del cáncer de colon. Ella inició una campaña para alentar a la gente a examinarse y ayudarle a entender que otro cáncer que no es el del pulmón, el cáncer de colon, cobra más vidas (de mujeres y hombres) en Estados Unidos cada año que cualquier otro. Sin embargo, con un examen a tiempo el cáncer de colon es prevenible. Es vital que estemos al tanto de esto por nosotros y nuestros cónyuges. Las normas médicas sugieren una primera colonoscopía a los cincuenta. Muchas personas deciden comenzar antes.

Su marido puede querer aplazar ese examen de la próstata y la prueba del PSA del cual su médico también le ha estado hablando. No lo deje que abandone su salud. Hay demasiado en juego para atrasarse.

Ya he mencionado los peligros de las enfermedades cardiovasculares. Es muy recomendable supervisar sus niveles de colesterol (bueno y malo), así como la cifra de triglicéridos, y tomar medidas para mantenerlos en niveles normales. Otra prueba valiosa, pero menos conocida, es un procedimiento que mide sus niveles de proteína reactiva C. Éste es otro excelente indicador de si debe preocuparse por alguna cardiopatía o arteriopatía. Colabore con su médico para decidir qué pruebas necesita, cuán a menudo debe hacérselas y si se impone algún cambio en su estilo de vida. ¡No tema hacer preguntas! Cuando se trata de su salud y de su corazón, el conocimiento es su mayor recurso.

Finalmente, sírvase recordar que el típico ataque cardíaco no comienza con un gran dolor en el pecho, tal como a menudo vemos en las películas. Es más común sentir malestar o presión en el centro del pecho que puede ir y volver, malestar o dolor en uno o ambos brazos, en la espalda, el cuello, la mandíbula o el estómago, falta de aire, náusea o mareo, o simplemente más fatiga que la usual. Los hombres, en particular, tienden a esperar que estos síntomas se disipen y son renuentes a llamar al 911. Si usted o su marido experimentan malestar estomacal combinado con algunos de estos otros síntomas, no espere, llame al 911 y obtenga ayuda de inmediato.

¿Es su casa una zona libre de drogas?

Cualquier conversación acerca de la buena salud debe abordar el tema de las bebidas alcohólicas y las drogas. No estoy en contra del consumo de alcohol y ciertamente no pretendo decirle a la gente si deben o no deben beber. Se trata de una decisión personal. Reconozco que muchas personas beben responsablemente y no tienen problemas con el alcohol. En algunos casos, he visto que el alcohol deja terribles secuelas en personas que quiero. No es un asunto para tomar a la ligera.

Hace muchos años participé en una campaña de mercadeo para una compañía cervecera. Mis socios comerciales pensaban que era una campaña maravillosa; también sucedía que era mi único ingreso regular en ese tiempo. Uno de mis socios, que estaba y aún está en un programa de recuperación de alcohólicos, dijo que la campaña no le provocaría tomar un trago. La compañía cervecera estaba dispuesta a patrocinar una gran campaña que tenía como lema «Sepa cuando decir cuando» como parte de sus empeños de mercadeo. Sin embargo, cuanto más pensaba en ello, tanto más me desazonaba todo el concepto. Estaban usando mi imagen para promocionar cerveza, un producto que no conduce a la buena salud y, en algunos casos, afecta negativamente vidas y familias. Luego de estar un año con la campaña decidí abandonarla.

La insto a que se fije en el lugar que ocupan las bebidas

alcohólicas —si así fuera— en su hogar y qué impacto pueden tener o están teniendo en su familia. Luego de que nuestros hijos nacieron, Greg y yo tomamos la decisión de dejar de servir bebidas alcohólicas en las reuniones de familia. Nos parece que nos divertimos más, todo el mundo se va a dormir más temprano y no tenemos que preocuparnos por los que van a conducir. Para nuestra familia, ese es el enfoque correcto. Conciba algo que le funcione a usted.

El tema de las drogas es complejo. Por supuesto, hay un lugar para la farmacología: medicamentos para el dolor, medicamentos para el sueño, medicamentos para el corazón, antidepresivos y mucho más. Sin embargo, el uso de estos productos debe ser cuidadosamente supervisado y debe decidirse respecto a si deben constituir una solución a corto plazo o un plan vitalicio con supervisión médica. Temo que algunos médicos ocupados de la actualidad están prestos a echarle mano al recetario, pero no siempre se dedican a orientar a sus pacientes hacia las causas originales de su dificultad. Casi todas las píldoras tienen efectos secundarios —en los comerciales de televisión, suelen referirse a ellos en los últimos segundos de un anuncio de un minuto de duración. Contrario a lo que estos anuncios parecen implicar, los medicamentos por receta, aunque se los prescriba su médico, no siempre son el camino para una vida perfecta.

Las llamadas drogas recreativas son aun más peligrosas. Gracias a la accesibilidad a la Internet, nuestros hijos enfrentan riesgos y opciones que nosotros nunca tuvimos que enfrentar en nuestra infancia. Cerciórese de que sus hijos entienden que su hogar es una zona libre de drogas. Converse con ellos respecto a lo que está pasando. Muchos padres dudan de conversar con sus hijos sobre drogas, sexo o suicido porque no quieren exponerlos a ideas nuevas y peligrosas. Pero sus hijos saben más de lo que usted supone. Es mejor que obtengan la información directamente de usted a opiniones potencialmente distorsionadas y perjudiciales de un amigo o un compañero de clase. Si sus hijos creen que usted está abierta a sostener una conversación sincera, hay más probabilidades de que acudan a usted con preguntas y problemas.

Nunca ignore los síntomas del consumo de drogas, tales como cambios súbitos en el apetito, la energía o la personalidad. Si tiene sospechas, no sienta que viola la privacidad de su hijo al insistir en que se someta a una prueba de drogas. Parte de establecer un hogar sano es desempeñar el papel de madre en lugar de ser la mejor amiga de su hijo o de su hija. Hablaremos más acerca de la prevención del consumo de drogas en el próximo capítulo.

Tener un hogar emocionalmente sano

Hasta ahora nos hemos concentrado enteramente en asuntos que se relacionan con la buena salud física; pero para usted y su familia es de igual importancia crear un medio ambiente que promueva una robusta salud emocional. Hay muchas maneras de mantener un hogar emocionalmente sano, pero el mejor punto de partida es tener una comunicación eficaz. Sírvase notar que digo comunicación *eficaz*. Todos nos comunicamos, sin embargo, con frecuencia nuestras palabras y actitudes no contribuyen a una salud emocional positiva. Si la mayoría de lo dicho por los miembros de la familia se recibe con desdenes, sarcasmo y otros comentarios peyorativos, se trata de abuso emocional, y dista de ser el ambiente doméstico sano que todos deseamos y necesitamos. Por otra parte, cuando usted, su marido y sus hijos pueden hablar y escucharse unos a otros de un modo que suscita respeto y aprecio, están viviendo en una atmósfera cómoda y amorosa.

Las relaciones entre los miembros de su familia serán más eficaces si todo el mundo se esfuerza en alcanzar tres objetivos: comunicarse con claridad, comunicarse directamente y comunicarse con amor. He aquí un ejemplo de cómo esto puede funcionar. Como madres, estamos tan atareadas y trabajamos tan duro que no entendemos que nuestros maridos no puedan ver lo cansadas y frustradas que estamos. Si él no es capaz de adivinar que algo anda mal, podemos enojarnos y atacar verbalmente con palabras que hieren más que ayudan. Sería mejor que simplemente pidiéramos el apoyo que necesitamos. No suelte indirectas, no envíe el mensaje a través de terceros y no lo envuelva en una capa de ira. En lugar de eso, dígale a su marido, clara y directamente, y con amor, lo que usted necesita. Él le agradecerá que usted lo aborde de esa manera en lugar de hacerlo con un ataque personal o castigándolo con su silencio. Con frecuencia, su marido quiere ayudarla, pero sencillamente no sabe qué hacer.

Aunque usted y su familia usen buenas técnicas de comunicación, siempre habrá desacuerdos. Esas diferencias se deben a sus personalidades singulares. Sin embargo, la manera en que ustedes resuelvan sus desacuerdos contribuirá en gran medida a determinar la salud emocional de su hogar. Pelear en presencia de los niños, por ejemplo, nunca es buena idea. ¡Antes de tener hijos, Greg y yo teníamos desacuerdos mucho más acalorados! Ahora, si hay un conflicto entre nosotros, tratamos de «discrepar amablemente». Si es necesario, llevamos la discusión a otra habitación y cerramos la puerta. Los niños son maestros en dividir a sus padres, de manera que incluso aunque no estemos en completo acuerdo, nos esforzamos en presentar unidad.

Entre tanto, los conflictos entre los hijos deben manejarse conforme a su nivel de madurez. Tres minutos de castigo puede ser suficiente para un niño de tres años (para los pequeñines, recomiendo un minuto de castigo por cada año de vida), pero un castigo de dieciséis minutos no tendría mucho efecto en un adolescente. Un gran concepto desarrollado por psicólogos y utilizado en colegios de adolescentes (y vendido por uno de nuestros asociados) es la «alfombra de la paz». Cuando dos niños disputan por un asunto, deberán sentarse sobre la alfombra de la paz. Ellos deberán compartir ese espacio hasta que conversen sobre su desacuerdo y lleguen a una resolución.

Nuestro mundo sería un lugar más sano si los adultos, particularmente maridos y mujeres, también usáramos alfombras de paz. Es importante resolver los conflictos rápidamente de manera que no se transformen en resentimiento. Sea justa en la discusión —no saque errores pasados ni asuntos que no tengan ninguna relación. Acuérdese de enfocar el problema desde el punto de vista de su cónyuge. Y haga todo lo que pueda para que su dormitorio no se convierta en un campo de batalla. El dormitorio debe ser un espacio para la renovación y la intimidad. Todos conocemos esas noches cuando, durante un rato, debido a un conflicto con su cónyuge que tuvo lugar durante día, hay un período de aislamiento. Pero acostarse enojada nunca es una opción saludable para su matrimonio. Trate de resolver cualquier conflicto antes de acostarse.

El principio de aprender a compartir un espacio —o un juguete, una habitación o cualquier otra cosa— es una de las lecciones más importantes que podemos transmitirle a nuestros hijos y, definitivamente, una de las claves para un hogar sano. Que sus propias relaciones con los demás resulten un modelo para ellos, e intervenga cuando sea necesario para demostrar que el compromiso de compartir le permitirá a ambas partes sentir que son tratados con equidad. La capacidad de compartir con frecuencia le pone fin a un conflicto casi antes del comienzo.

Si usted puede enseñarle a sus hijos a comunicarse eficazmente, a resolver conflictos y a compartir unos con otros desde su más tierna edad, llevarán consigo todo el tiempo esas virtudes hasta la adultez. Estas destrezas son los fundamentos que les permitirán a cada uno de ustedes disfrutar de un hogar emocionalmente sano en la actualidad y en el porvenir.

Auténticas soluciones

PROBLEMA: Sé que podría hacer más ejercicio, pero estoy particularmente preocupada por mis hijos. No participan en ninguno de los deportes de la escuela y pasan demasiado tiempo frente a la TV o la computadora. ¿Qué debo hacer para que se muevan?

SOLUCIÓN: Planee una salida en familia.

Si se encuentra viviendo con una familia de achantados, puede que le toque sacarlos de su inacción. Haga de las salidas en familia una prioridad en su agenda. Planéelas con bastante adelanto de manera que nadie se sorprenda y espere unas cuantas protestas al principio.

Como padres, es importante que estemos conscientes de las actividades de los hijos y establezcamos sus fronteras. La tecnología —videojuegos, computadoras, televisión, iPods— tiene muchos beneficios y nos brinda excelentes herramientas de aprendizaje; pero también puede ser adictiva. Ejerza control y establezca la hora en que todos esos equipos se apagan y su familia se pone en movimiento. Una vez que todos se acostumbren a hacer salidas juntos, usted probablemente encuentre sus excursiones energéticas no sólo saludables, sino también un cambio de ritmo grato y una oportunidad de compenetrarse. A continuación le presento unas cuantas ideas:

- El salir de caminata es una actividad recreacional clásica y accesible que puede disfrutar con sus hijos casi desde el momento en que nacen. Caminar con sus hijos puede presentar algunas dificultades adicionales, pero vale la pena el esfuerzo. Comience despacio si tiene niños pequeños. Trate de que sus excursiones sean cortas, no más de una hora al comienzo, y escoja sendas que ofrezcan varios puntos de salida de manera que usted pueda detenerse cuando sus niños comiencen a mostrar señales de fatiga. Recuerde llevar crema para protegerse del sol, una botella de agua y algunos tentempiés como barritas de cereales con miel, nueces y frutas.

Esté al tanto del entorno. El zumaque venenoso es un peligro, así que mantenga a los niños en la senda. Lave las ropas de todo el mundo tan pronto regrese y déles a todos un buen baño, ¡incluidos los perros! Yo uso guantes de limpieza para lavar a nuestros perros, en caso de que se hubieran expuesto al zumaque venenoso. He aprendido cometiendo errores. ¡Y no es nada bonito!

Si no está cerca de una montaña o de un bosque, piense en un parque que brinde una senda pintoresca. Incluso si vive en una zona donde la excursión a pie no es una opción, el andar ciertamente lo es. Prepárese como si se encaminara a un gran bosque; sus chicos disfrutarán de la experiencia si usted hace de ella una aventura.

• El campismo es un modo estupendo de pasar tiempo de calidad con su familia y además proporciona muchas oportunidades de realizar actividad física. Podría llevar a sus hijos a hacer una excursión campestre, a nadar o a remar en el lago en una canoa o en un bote. Algunos campamentos grandes incluyen estructuras de juego para niños u ofrecen deportes al aire libre para las familias. Incluso plantar una tienda de campaña o recoger o cortar leña para una fogata pueden ser maneras divertidas de quemar calorías con sus hijos. Si eso le parece demasiado ambicioso, ¿por qué no planta una tienda en su patio? No deje de incluir algunas actividades físicas para que los corazones de todos bombeen.

• Montar en bicicleta. Si sus hijos son lo bastante crecidos, ésta es otra manera divertida de promover la salud y compartir. Su destino podría ser la casa de un vecino, el centro comercial o un cine, dependiendo de las edades de sus hijos y de la geografía del pueblo. La próxima vez que salga a pasear con su hijo o con su hija, pregúntese si dispone de tiempo para dejar el auto en casa. Si en su familia hay una amplia variedad de edades, la pista de la universidad o de la secundaria local pueden ser una opción útil. Los niños mayores pueden montar sus bicicletas en torno a la pista (se mantienen a la vista de usted incluso si corren) y usted puede empujar a los pequeños en un cochecito de trotar o llevarlos en un portabebé delantero mientras hace una rápida caminata.

• Esquiar, convencionalmente o a campo traviesa, y el andar con raqueta de nieve son magníficas actividades de invierno que aumentan de seguro su ritmo cardíaco. El patinaje es un ejercicio estupendo si tiene los medios y la coordinación para intentarlo. El baloncesto, el patinaje y el patinaje sobre hielo pueden ser excelentes actividades bajo techo si hay mal tiempo. El nadar puede disfrutarse todo el año. Si se fija, encontrará muchas más opciones. Pruebe lo que crea que le viene bien a su familia y déle a todo el mundo unas cuantas oportunidades de cogerle el gusto. Le encantarán lo que las excursiones en familia combinadas con ejercicios harán a favor de sus cuerpos y por relacionar a padres e hijos, hermano y hermana, marido y mujer.

PROBLEMA: Soy una madre de un poco más de cuarenta años y he oído historias de horror sobre la menopausia. Estoy temiendo el día que llegue. ¿Cómo puedo hacer más fácil esa época de mi vida?

SOLUCIÓN: Empiece a prepararse ahora.

El trabajar en este libro me ha obligado a reconocer algo. Como madre, si usted opta por dar a luz en lugar de adoptar, puede recordar los altibajos de emociones que le provocan sus hormonas después que llega un bebé. Lágrimas, ansiedad... pérdida del control. No, usted no estaba loca. No era más que un ajuste biológico.

La menopausia es otra época de la vida en que la biología provoca cambios. No se asuste. Usted va a salir de eso. Sólo esté consciente de que las hormonas tienden a intensificar su realidad. Examine lo que ocurre y por qué. Encuentre un médico que escuche sus preocupaciones y rechace a cualquier profesional de la salud que no lo haga. Sea cauta y cuidadosa respecto a cualquier medicamento que le sugieran. Sea una consumidora informada: lleve a cabo su tarea de investigación; no se conforme con la propaganda comercial. Busque en la Internet o indague en la biblioteca de su localidad luego de consultarle a su médico, a su familia y a su farmacéutico si va a tomar cualquier medicamento. Conozca los beneficios, los efectos secundarios y los riesgos.

Ésa puede ser una época difícil para cualquier mujer. La menopausia suele empezar entre los cuarenta y cinco y los cincuenta y cinco y se extiende por un número indeterminado de años. Los síntomas pueden incluir accesos repentinos de calor, sudoración nocturna, cambios de humor marcados por irritabilidad, depresión y ansiedad, problemas de densidad ósea, sequedad vaginal y relaciones sexuales dolorosas, decremento del impulso sexual, infecciones vaginales y del tracto urinario. ¡No es nada divertido!

Sin embargo, usted puede tomar medidas para reducir las molestias mientras su cuerpo cambia. El ejercicio regular es muy beneficioso, como lo es una dieta baja en grasas, que debe incluir bastante calcio y vitamina D. Evite fumar, que puede adelantar la menopausia. Es prudente también que mantenga la tensión arterial, el colesterol y otros factores de riesgo cardiacos en niveles adecuados[2].

La menopausia es un evento natural que toda mujer experimentará, pero no tiene que ser algo que temer si tomamos medidas desde ahora. Converse con su médico al respecto. Conocimiento y preparación son las herramientas que necesita para hacer lo más fácil posible la transición a la próxima fase de su vida. Yo estoy preparándome ya.

PROBLEMA: Lucho con el rechazo. Siempre que mi marido o mis hijos hacen un comentario negativo sobre mí, me pongo a la defensiva. ¿Cómo puedo dejar de tomar sus palabras tan a pecho?

SOLUCIÓN: Deje que el rechazo la ayude a madurar.

Una de las bendiciones de mi carrera de modelaje fue que me enseñó a lidiar con el rechazo. ¡Llegué a adquirir mucha práctica! Éste era un típico día de mi vida en ese tiempo:

- 8 AM: carrera hasta el metro para una entrevista de trabajo, el fotógrafo en la entrevista me dice: «Lo siento, usted está demasiado gorda».

- 10 AM: otra entrevista y otro fotógrafo, y otra vez «demasiado gorda».

- Mediodía: en una entrevista para un trabajo de pasarela, me dicen: «Kathy, estás demasiado torpe y tienes el pelo como un nido de pájaros —¡haz algo para remediar eso!».

- 1 PM: otra entrevista: «demasiado alta».

- 2 PM: otra entrevista: «demasiado baja».

- 4 PM: por fin un trabajo de verdad —hasta que el fotógrafo dice: «Kathy, ¿qué tienes en la frente? ¡Es un grano! Fíjese todo el mundo. El Vesubio está a punto de hacer erupción sobre nuestras lindas ropas!».

Más tarde, cuando nuestro equipo en Kathy Ireland Worldwide comenzó el negocio y la gente nos decía que estábamos locos, realmente no me hizo ninguna mella, estaba acostumbrada al rechazo. A veces me lastima todavía, pero sé cómo mantenerlo en perspectiva. A veces incluso hasta me da lecciones.

Entiendo que usted puede sentirse rechazada ahora mismo. Podría ser su marido o sus hijos quienes la rechazan de algún modo. Podría ser una amiga o alguien en el trabajo. Tal vez un rechazo de la infancia está haciéndola sufrir todavía. Cualquiera que sea el origen, la insto a que trate el rechazo sólo como una opinión. Es el punto de vista de una persona. Puede incluso llegar a decirle a esa persona: «gracias». Eso no significa que usted esté de acuerdo con lo que él o ella dijeron. Es simplemente un reconocimiento de que la persona se tomó el tiempo para compartir sus ideas con usted.

No permita que una opinión negativa la destruya. Tan difícil como pueda ser, usted puede tornarla positiva. No importa con cuánta deficiencia le transmitan el mensaje, sea receptiva a lo que la persona le dice. Pregúntese: ¿hay alguna pizca de verdad en esto? ¿Debo cambiar mi actitud o mi conducta? Si así fuera, cambie. El rechazo puede ayudarnos a crecer si sabemos cómo enfocarlo.

Si se da cuenta de que lo que está oyendo es cierto, no fabrique excusas. Elizabeth Taylor, mujer que ha sido mi mentora y a quien quiero mucho, suele decir: «las excusas son tan indignas que no sirven de nada». Un rechazo puede no ser justo. Todos debemos superar la idea de que la vida va a ser justa. ¿Fue justo que Jesús asumiera los pecados del mundo? En todas las épocas del Antiguo Testamento, la gente rechazó a Dios y adoró ídolos. Cuando Jesús vino a la tierra y se hizo hombre, lo odiaron, se mofaron de él, lo golpearon y lo asesinaron brutalmente. En su momento más difícil, sus discípulos, que habían pasado tres años experimentando sus milagros y su amor, lo abandonaron. Cuando las cosas se pusieron peliagudas, ellos se achicaron. Pedro hasta llegó a negar que lo conocía. Nuestro Señor sabe todo acerca de la injusticia y el rechazo. Entiende por lo que usted está pasando. Por más difícil que sea, no deje que la opinión que otra persona tenga de usted se convierta en amargura, resentimiento y cólera que la derroten y la definan. Usted no quiere ser una amargada.

Usted es su propia marca. Podría pensar que me he vuelto loca, pero créame, usted es una marca. Todos lo somos, gústenos o no. Todos los encuentros que tenemos con alguien dejan impresa una marca perdurable. La pregunta es ¿qué clase de marca somos? ¿Somos generosos, leales, innovadores, eficientes? ¿Consideramos que presentarnos a trabajar o a una cita diez minutos antes es estar a tiempo? ¿O estamos perpetuamente tarde? ¿Somos negativos? ¿Tenemos problemas en relacionarnos con otros? ¿Somos complicados? ¿Llevamos nuestros «asuntos personales» con nosotros dondequiera que vamos? Si debemos hacer un cambio, hagámoslo ya.

PROBLEMA: Mi hija de doce años está perdiendo peso y no sé por qué. Temo que pueda ser anoréxica. ¿Cómo puedo saberlo?

SOLUCIÓN: Observe los signos y no se demore en actuar.

La inexplicable pérdida de peso es ciertamente uno de los signos de la anorexia y de un trastorno gemelo, la bulimia. La persona anoréxica o bien reduce drásticamente la ingesta de alimentos o come normalmente y luego vomita. La bulímica hace exactamente lo contrario. Come en exceso a las horas normales y luego se purga vomitando o con la ayuda de laxantes y enemas. Cualquiera de estos dos trastornos puede enmascararse durante un tiempo antes de que alguien lo advierta. Ambos son muy peligrosos —una persona anoréxica o bulímica puede llegar a matarse de hambre, en el sentido real de esta expresión, si se queda sin tratamiento.

Además de las conductas que acabamos de mencionar, otras señales que podrían indicar anorexia o bulimia incluyen: excesivo ejercicio, vestirse con ropas muy holgadas o de varias capas para ocultar la forma del cuerpo, mostrar obsesión por el peso y el consumo de calorías, frecuentes idas al baño inmediatamente después de comer (puede incluir el dejar correr el agua del grifo para ocultar los vómitos), el uso frecuente de píldoras de dieta, laxantes, jarabe de ipecacuãna o enemas, temor de sentarse a comer con otros y baja autoestima.

Éste es un problema que no va a desaparecer. Los jóvenes de hoy están siendo bombardeados con mensajes mediáticos que enfatizan la delgadez del cuerpo, con frecuencia hasta niveles malsanos. La presión de amigos o compañeros de escuela también contribuye a la percepción de que las chicas, en particular, deben alterar la forma natural de sus cuerpos para adaptarse a la moda. Aunque no es tan común, los varones también padecen de anorexia. Si usted sospecha de que su hija o hijo adolescente sufre de uno de estos trastornos, no vacile un instante en consultar al médico, en informarse al respecto de todo lo que pueda y en conseguir para él o ella la ayuda necesaria.

PROBLEMA: Tengo una hija de nueve años que está adquiriendo un mal hábito: no siempre dice la verdad. ¿Cómo podemos comunicarnos cuando no estoy segura de creer lo que me dice?

SOLUCIÓN: Insista en la integridad.

Hay una frase que me subleva, lo que llaman «una mentirita piadosa». Piense en eso y estoy segura de que estará de acuerdo conmigo de que no existe tal cosa. ¿Qué es lo contrario, una mentirota profana? No enmascaremos nuestras mentiras. Hágale saber claramente a sus hijos que la línea entre la sinceridad y la falsedad es un límite que ellos no deben cruzar y adviértales claramente lo que ocurrirá si lo hacen. La integridad es el fundamento de la comunicación efectiva, no sólo dentro de su familia sino en todas las relaciones de la vida. Si sus hijos creen que no tiene mucha importancia decir unas pocas mentiras ahora, será mucho más fácil para ellos incurrir en un permanente patrón de conducta mentirosa después. Mentir es una flaqueza de carácter que de seguro nos traerá problemas y pesares.

Por supuesto, su propia conducta al respecto tendrá una enorme influencia en sus hijos. Si usted le dice a una amiga por teléfono que no puede reunirse con ella para ir de compras esa noche debido a una reunión y luego pasa la noche viendo televisión, ¿qué mensaje le envía eso a su hijo? Su hijo pensará que mami no siempre dice la verdad y supondrá que él también puede hacer lo mismo. Es muy difícil exigir integridad de sus hijos si usted misma no vive una vida íntegra. Y mentirle a sus hijos es un error de juicio que tal vez nunca olviden. La confianza toma tiempo ganarla, pero puede perderse en un instante.

La sinceridad es una de las claves para la comunicación eficaz, pero hay muchas otras. A continuación le presento algunos consejos que pueden ayudar a su familia:

• Nosotras las madres estamos muy bien situadas para sentar la pauta en nuestros hogares. Cuando su hijo o hija diga algo con lo que usted no esté de acuerdo o reaccione de manera cortante, tome la decisión consciente de no «responder al fuego». No sugiero que excuse un comportamiento grosero. Sin embargo, por lo general, al evitar griterías y discusiones puede prevenir que la situación empeore. Por todas las razones posibles, su hijo o hija puede estar alterado y necesitado de su apoyo. Es mejor recordarle tranquila y firmemente que su familia no tolera un lenguaje irrespetuoso y luego ensaye un acercamiento amoroso para llegar a la raíz del problema.

Uno de nuestros hijos presenció en una ocasión cómo la directora de la escuela intervenía en una situación donde dos estudiantes habían estado provocando y acosando a otro niño. Nuestro hijo contó que la directora manejó la situación con gran tacto. Cuando le preguntamos cómo, supimos que no se había alterado; que había mantenido el control de sus emociones durante toda la conversación. Tranquilamente les explicó a los acosadores por qué su conducta era un problema y las consecuencias que tendría si continuaba, y que a ella la entristecía ver que ellos se comportaran mal. En otras palabras, estableció un tono respetuoso y se hizo entender clara, directa y amorosamente, al tiempo que le daba una oportunidad al perdón y a la superación.

• Cuando hable con su familia, su lenguaje corporal transmitirá tanto (si no más) que sus palabras. Si su hija empieza a contarle acerca de la maestra con quien tiene un conflicto en la escuela, muéstrese interesada mirándola a los ojos, asintiendo ocasionalmente y manteniendo sus brazos y piernas descruzados. Puede parecer que esto no tenga tanta importancia, pero la comunicación no verbal revela mucho acerca de su actitud y sus hijos son perceptivos. Si usted cambia la vista, tamborilea con los dedos o se sienta con el ceño fruncido y los brazos cruzados, su hija rápidamente captará el mensaje de que usted no está interesada en sus problemas.

• Otra manera de promover la comunicación eficaz es mediante las reuniones o los consejos de familia. Esto es algo que aprendí de niña viendo el programa *Brady Bunch*. Especialmente cuando se avecina un gran cambio, ya se trate de la llegada de un bebé o de una mudada al otro extremo del país, es importante discutir abiertamente la situación y los ajustes que todos deben hacer. Después de que usted explique lo que viene, invite a cada miembro de la familia a que haga sus comentarios. Escuche las sugerencias de sus hijos y póngalas en práctica cuando sea posible para mostrar que usted valora sus opiniones y su participación. Trate de evitar sorpresas negativas siempre que sea posible. Sus hijos se adaptarán al cambio mucho más fácilmente si tienen tiempo de prepararse mentalmente para él.

- Cuando me reúno con gente joven que tiene una actitud feliz y positiva respecto a sus vidas, suelo preguntar a los padres «¿qué hacen para que funcione tan bien? ¿Cuál es su secreto?» Usualmente la respuesta es algo como esto: «Nuestros hijos siempre saben que estamos en el mismo equipo. Cuando tenemos un conflicto como padres o como pareja, nunca nos insultamos en presencia de ellos y no sacamos a relucir problemas que a ellos no deben preocuparles. Y nunca decimos que nos vamos a separar si las cosas no cambian».

Los niños de hoy en día viven en un mundo complicado. No necesitan que se les añada la carga de preocuparse por los problemas de sus padres o por si la familia se va a deshacer. Si sus relaciones con su cónyuge y sus hijos contribuyen a crear un ambiente positivo, apacible y estable en el hogar, sus hijos disfrutarán de una excelente salud emocional. Ellos prosperarán y usted también.

PROBLEMA: Mi hijo de seis años es tan conversador e inquisitivo que difícilmente puedo intervenir con una palabra. Siempre me está preguntando por qué esto y por qué aquello. ¿Es una buena idea dejar que me inunde de preguntas?

SOLUCIÓN: Estimule las preguntas de sus hijos.

«¿Por qué, mami, por qué?» Es la reiterada pregunta que puede sacar a los padres de sus casillas, ¡pero que a mí me encanta oír! Quiero que nuestros hijos sean curiosos. Las personas curiosas nunca se aburren ni son aburridas. Quiero que nuestros hijos se sientan con la suficiente soltura para preguntarme acerca de cualquier cosa.

Por supuesto, es importante enseñarles respeto por los demás al tiempo que promovemos su curiosidad. Sus hijos en ocasiones pueden necesitar el amable recordatorio de que escuchen cuando otros hablan. Pero no desaliente la curiosidad natural que todo niño tiene. Un hogar sano es aquél que permite diálogo y explicaciones francas, no el que favorece el secreto. Los niños que desarrollan el hábito de explorar el mundo que los rodea haciendo preguntas, se convertirán en los líderes y pacificadores del mañana.

Recientemente tuve el privilegio de trabajar con un sorprendente grupo de mujeres de Gee's Bend, Alabama. Sus hermosas frazadas de retazos fueron objeto de una gira nacional y ahora se exhiben permanentemente en varios museos del país y en diversas partes del mundo. Nettie Young, una de estas damas singulares, le contó a nuestros hijos su experiencia de participar en manifestaciones con Martin Luther King, Jr., durante el movimiento a favor de los derechos civiles. Cuando nuestros hijos supieron que blancos y negros usaban diferentes bebederos, se quedaron boquiabiertos. Chloe, que apenas tenía dos años, miraba sorprendida. Lily preguntó «¿por qué?», con los ojos húmedos de pesar. Y la ira de Erik era obvia. En verdad, ¿por qué? Si más personas hicieran preguntas sobre lo que hacemos y por qué lo hacemos, ayudaríamos a evitar muchas de las injusticias del mundo. Esas dos palabras, *por qué*, son una llave que abre posibilidades ilimitadas.

PROBLEMA: Mi hijo mayor tiene quince años. Discute constantemente con su hermano, que es cinco años menor, y también lo hace con su padre. ¡Todos me están volviendo loca!

SOLUCIÓN: Estimule la responsabilidad personal.

Cuando los hijos de diferentes edades se frustran mutuamente (y a la madre), eso puede ser difícil de manejar. Un problema común es la igualdad. Usted oirá comentarios tales como «no es justo. Yo limpié más que él» o «Yo trabajé más duro que él». En esas situaciones, es importante que enfatice que cada persona es responsable de sí misma. Yo le digo a nuestros hijos. «Preocúpate de ti. No te preocupes de la otra persona. Ése no es tu trabajo».

Al tiempo de amonestar a sus hijos, acuérdese de mirarse al espejo. Me he sorprendido más de unas cuantas veces comparandome a mí misma con otra persona y pensando que no es justo. Ésas son las ocasiones en que debo acordarme de mi propio consejo y aplicarlo.

Para ayudar a prevenir los conflictos continuos, comparta exactamente cuáles son las expectativas que tiene para cada uno de sus hijos, tanto en lo que respecta a proyectos domésticos como en lo que necesitan para relacionarse unos con otros; y cerciórese de que las consecuencias por cumplir o no cumplir esas expectativas se entienden con claridad y se aplican sistemáticamente. Recuérdeles a sus hijos que sus expectativas serán distintas para cada uno de ellos, dependiendo de su edad.

Ocasionalmente usted puede necesitar algo tan simple

como separarse de sus hijos. Un tiempito solos es la mejor de todas las soluciones.

Es también común que los niños en tránsito a la adolescencia pongan a prueba a sus padres más a menudo en la medida en que afirman su independencia. Los varones mayores con frecuencia entran en conflicto con sus padres y las chicas mayores con sus madres en tanto establecen su propia identidad. El conflicto puede surgir del deseo de afirmar su independencia de mamá y papá. No importa cuánto amor y respeto exista en su casa, prepárese para el conflicto.

Si ambos padres comparten el hogar, uno de los cónyuges puede desempeñar un papel en reducir la tensión entre su marido (o su esposa) y el hijo. Si su hijo tiene una relación conflictiva con su marido y ambos se sienten frustrados, encuentre tiempo para recordarle amablemente a su hijo cuánto su marido lo quiere y que sus decisiones se basan en tratar de hacer lo que es mejor. Asimismo, usted puede necesitar recordarle a su marido que los años de la adolescencia son los más difíciles en la vida de una persona y que sus hijos aún necesitan del apoyo de su padre, actúen ellos en consecuencia o no.

Sus esfuerzos como mediadora pueden desactivar una situación volátil y devolverle una sensación de paz y orden a su hogar.

CHEF ANDRÉ CARTHEN DE ACAFE

Comer sano sobre la marcha

Como padre atareado, se cuán difícil puede ser para los padres ocuparse de todo y proporcionarle una comida sana a su familia. ¡Pero usted puede hacerlo! Le insto a poner por escrito unas cuantas de sus recetas preferidas a las que pueda acudir cuando el tiempo apremie, que sean buenas para usted y que todo el mundo disfrute. Siéntese libre de hacer uso de la charcutería local, que se ha convertido en la mejor amiga de todas las madres. Podría comprar algunas aceitunas, queso feta, albahaca fresca y tomates, luego mezclarlos en casa con alguna pasta y tendrá una estupenda ensalada de pasta mediterránea. Contemple otras opciones fáciles, tales como pollo asado (no se olvide de quitarle el pellejo grasoso) con una ensalada. O podría servir una magnífica ensalada de pollo sobre una camada de hortalizas tiernas, o algunos trozos de pollo con pepino y tomates y ponerlo todo en pan de agave. Su familia apreciará sus opciones saludables así como lo deliciosas que son.

Para muchos padres, el tratar de tenerlo todo listo para la escuela en la mañana resulta bastante duro sin tratar de planear, preparar y empacar un almuerzo sabroso y nutritivo. A continuación les doy unas cuantas ideas para mantener a sus hijos felices y sanos durante los días de escuela.

- Varíe el pan del emparedado: panecillos frescos, bollos, rosquillas, pan de *foccacia*, pan de agave, pan de maíz y tortillas son todas estupendas opciones.

- Las opciones bajas en grasas (pollo, pavo, pescado) deben encabezar sus preferencias de carnes, y no dude en recurrir a la tradición de mantequilla de maní y jalea de frutas. (¿Sabía que la

mantèquilla de maní contiene treinta nutrientes esenciales y fito-
nutrientes?)

- Complemente su emparedado con productos tales como queso
  en tiras, vasitos de frutas, paquetitos de hortalizas, cajitas con
  100 por ciento de frutas o mezcla de frutas y hortalizas, tacita de
  avena instantánea o un paquetito de frutas y queso *cottage*.

- Cuando quiera añadirle un sabor dulce, tiene para elegir desde
  galletitas Graham, yogurt con frutas, frutas secas, cereales mez-
  clados con nueces, cereales con miel, cereales integrales, yogurt
  con pasas y *pretzels* o barritas de frutas cubiertas con yogurt. ¡Es
  tan fácil!

La mayoría de los que tenemos niños pequeños sabemos cuán a menudo
son muy específicos respecto a lo que les gusta y lo que no les gusta. Algunos no quieren que alimentos distintos se toquen en su plato. El usar
platos con divisiones puede ayudar a resolver este problema. Dejados por
su cuenta, nuestros hijos podrían no aventurarse nunca a probar nuevas
comidas. Sin embargo, puede ser divertido iniciar a nuestros hijos en sabores nuevos y hasta exóticos. Usted podría sorprenderse —sencillamente
podrían descubrir que tienen apetito para una extraordinaria comida gour-
met. No se desanime si eso no sucede enseguida. Habitualmente los niños
deben exponerse muchas veces a los nuevos sabores antes de adquirir un
gusto por ellos.

Finalmente, aquí les presento dos recetas para comidas deliciosas y
sanas que llevan menos de treinta minutos preparar y con las cuales sorprenderá a su familia y sus amigos. (Puede encontrar muchas más en la
página web de Kathy, www.kathyireland.com. Sencillamente busque el
logo de ACafe.) ¡Que lo aproveche!

Chuletas de cerdo salteadas a la pimienta balsámica

4 (4 oz.) chuletas de solomillo de cerdo, deshuesadas
1 cucharadita de pimienta negra triturada
sal a gusto
aceite en aerosol para cocinar
¼ taza de caldo de pollo
½ taza de vinagre balsámico

Espolvoree ambos lados de las chuletas de cerdo con pimienta y sal. Unte una sartén mediana con el aceite de cocinar en aerosol, póngala en el fogón a fuego medio, añada el cerdo y cocine cada lado durante cinco minutos. Cuando las chuletas estén hechas, quite la sartén y disuelva lo que quede en ella con caldo de pollo y vinagre balsámico, deje hervir esta mezcla durante unos ocho minutos hasta que se espese ligeramente y viértala a cucharadas sobre las chuletas.

Con la adición de algunas de sus ensaladas de patatas con hierbas (comprada en la tienda) aderezada con cubitos de ajíes rojos o amarillos y cubitos de cebollinos, hará una comida ligera de verano para cuatro personas.

Crema de espinacas con pollo

1 (14, 5 oz.) envase de caldo de pollo
2 latas de crema de pollo semidescremada
1 (10 oz.) espinacas cortadas y congeladas
1 (9 oz.) paquete de tiras de pollo a la parrilla cortadas en cubitos

Ponga todos los ingredientes en una olla, espere a que comience a hervir a fuego lento y luego sírvalo. Ésta es una manera estupenda de convertir una ocasión sencilla en una gran cena de familia. Alcanza para cuatro raciones.

Cuestionario evaluativo sobre soluciones saludables

☐ ¿Conoce el estado físico y de salud cardiovascular de cada uno de los miembros de su familia?

☐ ¿Está familiarizada con la versión revisada de la pirámide alimentaria del Departamento de Agricultura de Estados Unidos y sigue sus orientaciones?

☐ ¿Ha creado el hábito de comer con moderación?

☐ ¿Con cuánta frecuencia usted y su familia se ejercitan?

☐ ¿Hace ejercicios de estiramiento y trabaja para tonificar los músculos tanto de la parte superior como de la parte inferior de su cuerpo?

☐ ¿Cumple con las citas del médico y se chequea regularmente a fin de detectar la posible existencia de enfermedades comunes y cánceres?

☐ ¿Mantiene usted un hogar libre de drogas?

☐ ¿Cuán eficaz es su familia a la hora de comunicarse?

☐ ¿Es capaz de resolver los conflictos rápida y apaciblemente?

☐ ¿Le está inculcando a sus hijos la capacidad de compartir?

capítulo cuatro

Seguros en casa

❦

Me parece como si leyera a diario acerca de algún

niño que resulta lesionado o muerto en un

accidente. Quiero con toda mi alma que mi hogar

sea un refugio seguro para mis hijos pero,

¿por dónde empiezo?

Cuando pienso en nuestros tres preciosos hijos y cuánto significan para mi marido y para mí, no puedo imaginarme la vida sin ellos. Erik, Lily y Chloe son bendiciones que Dios nos ha confiado y estamos comprometidos a hacer cualquier cosa y todo lo que podamos para protegerlos del peligro. Estoy segura de que usted siente lo mismo respecto a sus hijos —virtualmente es el sentimiento de todas las madres. Sin embargo, pese a las buenas intenciones de los padres, más de cinco mil niños menores de quince años mueren todos los años en Estados Unidos debido a accidentes. Las lesiones cobran más vidas que la enfermedad, la violencia o el suicidio[1]. En cualquier caso, la historia detrás del dato estadístico es una desgarradora tragedia familiar que podría haberse evitado. Aun los padres más dedicados se olvidan de implantar importantes medidas de seguridad que podrían marcar la diferencia entre la vida y la muerte. En este capítulo quiero abordar el modo de librar a nuestras familias de convertirse en otra cifra estadística.

Seguridad en el vehículo

¿Conoce usted la causa más común de la mortalidad infantil relacionada con lesiones? Si contesta «accidentes automovilísticos» tendría razón. En 2005, 1.451 niños murieron en accidentes de autos en Estados Unidos y más de 200.000 resultaron lesionados. Casi la mitad de los niños que murieron en esos accidentes no estaban adecuadamente sujetos a un asiento o con un cinturón de seguridad[2].

Cuando va de compras al mercado en su auto y su niño pequeño empieza a llorar o a retorcerse, está tentada a desabrocharle el asiento de seguridad para poder cargarlo o permitirle que se estire. Piensa que se trata de un viaje corto y que no hay peligro. Recuerdo haber sentido ese impulso poco después de que naciera uno de nuestros hijos. Mi marido y yo salíamos de un restaurante y nuestro bebé estaba durmiendo. Me molestaba despertarlo para ponerlo en su asiento de seguridad del auto. Yo quería sentarme en el asiento del pasajero y sostener firmemente a nuestro bebé durante el breve viaje a casa. Mi corazón me decía que iba a estar seguro. Pero entonces me acordé de las cosas horribles que Greg ve durante sus turnos en la sala de emergencias y me di cuenta de que una situación aparentemente segura puede cambiar en un instante. En ese momento tomé la decisión de que no sacrificaría la seguridad de nuestros hijos por nada, incluidos su comodidad y su sueño.

Hasta un pequeño accidente automovilístico puede ser un hecho violento. Un pasajero que no esté sujeto puede ser lanzado con una fuerza varias veces mayor a la de su peso. La fuerza del choque puede causar que los órganos internos de una persona se muevan de lugar, provocando graves lesiones.

Los asientos y los cinturones de seguridad están diseñados, si se usan adecuadamente, para reducir a un mínimo el movimiento de un pasajero en caso de accidente, al evitar que el cuerpo salga despedido, distribuyendo la fuerza del choque por las partes más fuertes del cuerpo y protegiendo la cabeza y la columna vertebral. Es imprescindible que los niños usen asientos y cinturones de seguridad y que usted los supervise y se cerciore de que son adecuados para el tamaño y el peso de sus niños y dé que se encuentran en buenas condiciones de funcionamiento. Mientras se ocupa de eso, compruebe sus propios cinturones de seguridad y acuérdese de usarlos siempre que conduce o viaja en un vehículo. Conozco a una familia que sujetaba bien a su bebé en el asiento trasero mientras los adultos que viajaban en el vehículo no se abrochaban el cinturón. Cuando ocurrió un accidente, uno de los adultos fue a dar contra el bebé y le fracturó las costillas y varios huesos.

Cuando conduce es también esencial que se mantenga atenta a la carretera. Muchos estados están poniendo en vigor o examinando leyes que les prohíben a los conductores el uso de teléfonos celulares. Cualquier distracción, se trate de un teléfono celular, un tocadiscos o una comida de servicio rápido, debe contemplarse con mucho cuidado. No corra riesgos ni haga que sus hijos lo corran por una mera conveniencia.

Los vehículos también son peligrosos cuando sus hijos son peatones o montan en bicicleta. Enséñeles a sus hijos las reglas del tránsito y recuérdeles que siempre deben estar atentos a los vehículos que circulan. Cientos de niños resultan muertos todos los años en el intento de cruzar una calle o cuando se lanzan corriendo a través de un estacionamiento detrás de un juguete o de una pelota. Repita una y otra vez la admonición de mirar a ambos lados de la calle: vigile a sus hijos pequeños constantemente cuando estén cerca de un lugar donde pueda pasar un vehículo. Cuando sus hijos se hagan mayorcitos, cerciórese de que entienden el peligro y sepan exactamente como conducirse cuando intentan cruzar una calle. Si van a salir de noche, insista en que lleven linternas y que usen ropa de colores claros que refleje la luz. Cerciórese de que todas las bicicletas de su familia estén equipadas con reflectores.

Seguridad en el agua

Así como la supervisión es vital para mantener a su familia segura en lo que respecta a los vehículos de motor, también es fundamental cuando sus niños están en el agua o cerca de ella. Digamos que usted llena una bañera de agua para bañar a su niña pequeña o está descansando junto a ella al lado de una piscina. Suena su teléfono celular. En los diez segundos que le toma extraer el teléfono de su bolsa, la niña se cae en la bañera o en la piscina. En los dos minutos que le lleva concluir una breve conversación telefónica, su hija puede perder la conciencia. En los cinco minutos que toma hacer una llamada de seguimiento, la niña en la bañera o en la piscina puede haber sufrido lesiones cerebrales permanentes. La escena más común para que un niño se ahogue es que alguien que está cuidándolo en el agua o cerca del agua lo desatiende por un breve tiempo. Nunca —nunca— desvíe su atención, ni siquiera por un momento, de un niño que se encuentra cerca del agua.

A continuación le doy unos cuantos consejos más para recordar sobre la seguridad en el agua:

- Cuando·sus hijos estén nadando en una piscina o un lago, designe a un adulto de confianza para que sea el «guardián del agua» —una persona cuya única responsabilidad es la de cuidar a su niño y que no va a incurrir en distracciones como hablar por teléfono, comer o leer.

- Un adulto responsable que sea un excelente nadador debe estar cerca, en todo momento, de los niños que no sepan nadar.

- Si tiene niños pequeños y tiene su propia piscina o baño de hidroterapia, cerciórese de que cuenta con una cerca de por lo menos cinco pies de alto que aísla el lugar por todas partes y que está equipada con compuertas que tienen pestillos y picaportes que se cierran automáticamente. Instale barreras adicionales de protección, tales como alarmas de piscina, cobertores de piscina, alarmas de puertas y cerrojos.

- Vacíe e invierta las piscinas plásticas de niños y los cubos inmediatamente después de usarlos. Un niño puede ahogarse en sólo una pulgada de agua.

- Cuando sus hijos participan en deportes acuáticos, insista en que usen los dispositivos personales de flotación (chalecos salvavidas) aprobados por el Servicio de Guardacostas y del tamaño adecuado. No permita que accesorios llenos de aire para ayudar a nadar, tales como los «flotadores», sustituyan a los chalecos salvavidas.

- Matricule a sus hijos, cuando tengan ocho años, en lecciones de natación impartidas por un instructor certificado y enséñeles las reglas de la seguridad en el agua.

Seguridad contra incendios

El fuego es otro pavoroso asesino común que le quita la vida a cientos de niñas y niños cada año. Usted puede reducir a la mitad las posibilidades de morir en un incendio doméstico al instalar alarmas de humo en cada dormitorio y en cada nivel de su casa y revisar su estado con regularidad. Algunas pruebas recientes muestran que muchos niños responden con mayor rapidez mientras duermen a una alarma con un mensaje grabado por sus padres que a un simple sonido, a pesar de lo ensordecedor que le pudiera parecer una alarma a los adultos. Esté pendiente de estas nuevas alarmas de voces y determine si constituyen una mejor opción para su familia.

Mantenga los fósforos, encendedores, calentadores portátiles, velas y otras fuentes de calor fuera del alcance de los niños pequeños. Cerciórese de que las velas están por lo menos a tres pies de distancia de cualquier cosa que pueda arder y póngalas donde no se puedan caer. Converse con sus hijos acerca de qué hacer si hay un incendio y planee y practique una ruta de escape con su familia. Los equipos electrodomésticos son la causa principal de los incendios domésticos y de las lesiones relacionadas con incendios, de manera que lea las instrucciones que vienen con sus equipos electrodomésticos y cerciórese de que está cocinando adecuadamente y con seguridad.

Acuérdese de aplicar los principios de seguridad contra incendios también en el exterior de su casa. Es prudente, particularmente si vive en una región seca que es propensa a incendios forestales, quitar cualquier cosa que pueda arder con facilidad a treinta pies de distancia de su casa. Esto incluye plantas que contienen resinas inflamables, aceites y ceras. He tenido la oportunidad de trabajar con el programa federal de prevención de incendios que ofrece muchos consejos valiosos sobre la protección de su casa de los incendios forestales. Encontrará esta información en su página web www.firewise.org.

Asfixia

La última de las causas más comunes de muerte infantil accidental, especialmente en niños menores de siete años, es la asfixia. Si está a la espera de un nuevo bebé en su casa, compre una cuna que cumpla con las normas actuales de seguridad que rigen para todo el país. El colchón debe ajustarse firmemente en la cuna (no deben quedar más de dos dedos de espacio entre la cuna y el colchón) y estar libre de envolturas plásticas. Quite todos los peluches, juguetes y almohadas de la cuna cuando su bebé esté durmiendo y ponga al bebé boca arriba para dormir.

Si tiene bebés o niños pequeños, cerciórese de que elimina de inmediato los globos y las bolsas plásticas que con frecuencia son parte de las fiestas infantiles.

Cierre siempre las persianas, lo mismo si están corridas o descorridas. Compruebe que sus persianas tienen un accesorio en el cordón de halar, de manera que los cordones interiores no puedan formar un lazo que podría anudarse alrededor del cuello de su niño (todas las persianas que se vendieron después de noviembre de 2000 tienen este accesorio)[3]. Recientemente, una amiga mía que tiene un niño pequeño estaba disfrutando de un momento de paz en la cocina de su casa cuando de repente se dio cuenta de que el niño estaba *demasiado* quieto. Corrió al cuarto del niño y se lo encontró encima de una banqueta con el cordón de una persiana alrededor del cuello. El niño estaba bien, pero todos le dimos gracias a Dios de que ella se apuró en indagar.

Usted no podrá anticipar todas las amenazas que sus hijos han de encontrar durante sus vidas y yo ciertamente no propongo que los mantenga aislados ni que se preocupe innecesariamente acerca de improbables peligros. No obstante, tome medidas preventivas para que su hogar sea un lugar mucho más seguro para vivir. Estas medidas le proporcionarán a usted y a su familia la paz mental que tanto necesitan.

Control de mensajes

En la medida en que sus hijos vayan creciendo, enfrentarán nuevos peligros que trascienden el dominio de las lesiones físicas. Se enfrentarán con problemas que los niños de generaciones anteriores rara vez encontraron o con los cuales ni soñaron: exposición a la violencia, a la pornografía y a un lenguaje explícito en los medios de prensa y en la música, a una sociedad abiertamente sexuada, a predadores y abusadores que acechan en la Internet, así como al fácil acceso a las bebidas alcohólicas y a las drogas ilícitas.

En la televisión, en revistas, en películas, en la música, en videojuegos, en la Internet e incluso en las vallas de las carreteras, el niño promedio es bombardeado con cientos de mensajes diarios que lo estimulan a moverse en una dirección que sus padres probablemente no aprobarían. Podría ser un anuncio que promueve el juego o una película que muestra la violencia como la solución a todos los problemas. Podría ser un anuncio de TV que implica que sólo serán aceptados por la sociedad si usan determinada marca de vaqueros o que si manejan un camión determinado terminarán con la muchacha en traje de baño. Me arrepiento de que unas cuantas veces durante mi carrera de modelaje, contribuí a transmitir estos mensajes. Habiéndome criado en Santa Bárbara, llevar un traje de baño era la cosa más natural del mundo para mí. En la actualidad, como persona mayor y más sabia, hay unas cuantas fotos de las que habría prescindido. Cuando uno sabe más, obra mejor.

Muchos de los mensajes de los medios de comunicación son sutiles. Por ejemplo, alguien que sonríe mucho y tiene una hermosa apariencia con frecuencia es visto como bueno, importante y digno de confianza. Una persona seria o que no sea físicamente atractiva puede percibirse como alguien insignificante o con malas intenciones. Sin embargo, en el mundo real, la verdadera belleza nada tiene que ver con la apariencia y los villanos no se identifican tan fácilmente como el personaje de los dibujos animados que se tuerce el bigote negro. Me acuerdo del libro clásico infantil *El conejo de felpa*, en el cual el sabio Caballo de Piel dice: «en el momento en que seas real, habrás perdido la mayor parte del pelo y los ojos se te habrán caído y tendrás flojas las coyunturas y estarás muy raído. Pero estas cosas no importan en absoluto porque una vez que seas real no puedes ser feo, excepto para la gente que no entiende»[4].

¿Cómo hacemos para que nuestros hijos entiendan? ¿Cómo

los protegemos de esa avalancha de mensajes engañosos y negativos? Empieza por ser proactivo. Como madre, es vital que sepas lo que tus hijos ven, leen y juegan. Pregúntate: ¿me siento cómoda con este programa? ¿Refleja esta película los principios de nuestra familia? ¿Qué mensajes ocultos están recibiendo mis hijos?

Lea reseñas de los programas de televisión, de las películas, de los videojuegos y de la música antes de verlos, alquilarlos o comprarlos para que le ayuden a decidir si está actuando sabiamente con respecto a su familia. Encuentre el tiempo para observar, jugar y escuchar a sus hijos de manera que sepa lo que ellos experimentan. No tema apagar el televisor si el contenido es inadecuado y fíjele límites al tiempo de sus hijos ante la pantalla. Si lo que están viendo es bastante aceptable pero usted tiene sus reservas, hable con sus hijos de sus preocupaciones. Ellos no siempre van a coincidir con su manera de pensar, pero si sus hijos entienden las razones por las que usted objeta cierta escenas y cierto lenguaje, es más probable que sean cautelosos con ese material en el futuro.

Para muchas familias, el mayor desafío es supervisar lo que sucede cuando los niños están en casa de otra persona. Usted puede controlar el ambiente de su propia casa, pero ¿cómo proteger a sus hijos de mensajes dañinos cuando se encuentran fuera de la vista? Si a su hijo lo invitan a la casa de un amigo para jugar o quedarse a dormir y usted no conoce bien a los padres, le recomiendo que se reúna con ellos. Hágales las preguntas difíciles: ¿Tienen armas en la casa? ¿Qué les dejan ver a sus hijos en la televisión? ¿Qué les parecen las letras de estas canciones?

Ya me parece estarla oyendo: «¡Kathy, no me siento cómoda

interrogando a mis vecinos!». Entiendo eso. Yo tampoco me siento cómoda haciéndolo. Logro algunas miradas y reacciones divertidas, ¡créame! Debemos escoger nuestra incomodidad. ¿Preferiría pasar por una situación un poco embarazosa ahora, antes que su hijo se vea expuesto a un ambiente potencialmente dañino, o preferiría pasar días y noches interminables preocupada por lo que su hijo está haciendo, viendo y escuchando —o enfrentándose a las secuelas después que está hecho el daño? Mi consejo es que se sobreponga a usted misma —su nivel de confort es irrelevante cuando el problema es la seguridad de su familia. Nadie está en mejor posición o tiene más responsabilidad de actuar para proteger y abogar por sus hijos que su madre y su padre. Es mejor saber todo lo que pueda tan pronto pueda acerca de las familias de los amigos de sus hijos e hijas. Si sus valores son compatibles con los de ustedes, se sentirá aliviada. Si no lo son y debe declinar una invitación —y posiblemente desalentar una amistad— probablemente se sentirá satisfecha a largo plazo.

Dicho eso, no estoy sugiriendo en absoluto que nunca deba relacionarse con personas diferentes a usted. Nuestras diferencias nos enriquecen y nos desafían a examinar nuestras creencias más profundas. ¿Conoce usted el versículo bíblico «hagan brillar su luz delante de todos» (Mateo 5:16)? Sería más fácil para mí evitar a la gente con quien no me siento cómoda. Sin embargo, creo que Dios quiere que, como cristianos, reflejemos Su amor y Su verdad a personas que pueden no conocerlo o entenderlo. Greg y yo disfrutamos al ver que nuestros hijos tienen oportunidades de relacionarse con personas de diversas procedencias, religiones y culturas. No obstante, ponemos límites en cuanto a lo que les permitimos ver, oír y hacer. Los padres prudentes no dejan que los medios de difusión o alguien más ejerza una influencia indebida sobre sus hijos.

Un mundo conectado

La red mundial de la Internet se ha ido entretejiendo en todos los aspectos de nuestras vidas. Eso es positivo porque ha abierto nuevas y maravillosas vías para establecer comunicaciones rápidas y eficientes y para adquirir conocimientos. Cuando nuestros hijos deben hacer un informe escolar sobre historia de la Argentina, la información que necesitan puede encontrarse en instantes. De hecho, muchas escuelas y maestros exigen ahora que sus alumnos utilicen la Internet para completar sus tareas. Sin embargo, el otro lado de la moneda es que los niños hoy en día están demasiado expuestos a información, personas y presiones que son destructivos.

Un ejemplo de esto es la pornografía. Conforme a los resultados de al menos una encuesta, más del 40 por ciento de los usuarios de la red con edades de entre diez y diecisiete años ven imágenes sexualmente explícitas en la Internet todos los años y dos tercios de ellos se encuentran esas imágenes accidentalmente mientras navegan por la red[5]. Ésas son cifras perturbadoras cuando uno considera cuán adictiva puede ser la pornografía, especialmente para los varones que tienen una mayor vocación por las imágenes. El estar expuesto a imágenes sexuales a temprana edad puede resultar traumático para cualquier niño.

Luego están los cibermatones, que pueden recurrir a cualquier cosa, desde colgar una lista de niños «antipáticos» en la red, propagar rumores por correo electrónico, hasta valerse de los mensajes instantáneos para acosar a otros. O hay ejemplos como el de Courtney Katasak de Kennesaw, Georgia. Courtney recibió un mensaje instantáneo no identificado. Cuando ella respondió preguntando quién le escribía, el remitente le respondió con algunas frases provocativas y un enlace para un sitio pornográfico. «Luego estuvieron enviándome estos mensajes inapropiados», dijo Courtney. «Eso me aterró»[6].

Un aspecto aterrador de la Internet es su posibilidad de enmascarar la identidad de los usuarios. En un mundo conectado, cualquiera puede enviar un mensaje y pretender ser alguien que no es. Usted puede haber oído hablar de la muchacha de dieciséis años de Michigan que engañó a sus padres para que le consiguieran un pasaporte y luego se fue al Medio Oriente a ver a un hombre que había conocido en la Internet. Funcionarios de EE.UU. la interceptaron antes del encuentro y la persuadieron de que regresara a casa.

La historia de Megan Meier no terminó tan bien. Megan, una niña de trece años que vivía en Missouri, estuvo intercambiando mensajes durante seis semanas en 2006 con un muchacho llamado Josh en un sitio de conexiones sociales en la red. Cuando Josh escribió un día que no quería seguir siendo amigo de Megan, ella se disgustó mucho. Luego aparecieron boletines electrónicos con frases como éstas: «Megan Meir es una putilla» y «Megan Meier es una gorda». Josh supuestamente escribió que Megan era una mala persona y que el mundo estaría mucho mejor sin ella. Megan, que ya se había enfrentado con la depresión, estaba consternada. Sus padres intentaron animarla. Veinte minutos más tarde, descubrieron que su hija se había ahorcado en su cuarto. Megan murió al día siguiente. Pocas semanas después, los padres de Megan se enteraron de que «Josh» no existía. Había sido inventado por miembros de una familia vecina[7].

¿Qué puede hacer usted para contrarrestar estas horrorosas posibilidades? La solución obvia es prohibirles a sus hijos, el uso de la Internet, pero eso puede no ser práctico en el mundo ciberdependiente de hoy en día. Un gran paso es mantener su computadora conectada a la Internet en un espacio de uso común, tal como una sala de estar, donde resulta fácil supervisar lo que sus hijos hacen y ven. La insto a mantener la red fuera de los dormitorios de sus hijos, donde una computadora privada invita al peligro. Dondequiera que se encuentre su computadora, o computadoras, instale filtros que ayuden a bloquear el contenido malsano (podría instalarlos para usted también), pero no se confíe en ellos para eliminar todo lo que no quiera que sus hijos vean.

No se fíe de servicios de conexión social, tales como *MySpace* y *Facebook*, y de servicios para compartir videos, tales como *YouTube*. Algunas personas han denunciado que estos servicios les ofrecen a depredadores y delincuentes sexuales fácil acceso a niños inocentes. El libro *MySpace, MyKids* de Jason Illian ha sido de gran utilidad para mí en instruirme acerca de *MySpace* y de cómo hablar con nuestros hijos de la comunicación por Internet. Convengo con la posición del autor de que un hogar no es una democracia. Es buena idea supervisar regularmente lo que sus hijos han estado mirando en la Internet. No creo en la censura social. Sin embargo, como padres debemos supervisar lo que nuestros hijos ven y experimentan.

Es importante también establecer los límites del tiempo que sus hijos pueden estar en la computadora y qué sitios pueden visitar, y hablar con ellos respecto a lo que hacen en la Red. Enséñeles que el respeto por otros se aplica tanto en la Internet como en cualquier otro lugar. Y, de nuevo, converse con los padres de los amigos de sus hijos de manera que usted conozca y esté de acuerdo con sus normas para el uso de la Internet cuando sus hijos los visitan. Si es diligente, tendrá una oportunidad mucho mayor de proteger a sus hijos de los peligros que le acechan a sólo un clic del ratón de la computadora. Para obtener más información acerca de la seguridad en Internet, visite www.safesurfinusa.org, el sitio de una poderosa organización en la red que dirige mi amigo Erik Estrada y otros funcionarios policiales y padres.

Depredadores

Ya hemos hecho mención del hecho penoso de que algunas personas buscan la oportunidad de explotar a los niños. Usted puede ayudar a evitar lo impensable hablando con sus hijos acerca del «peligro de los extraños». Hágales saber que nunca deben aceptar montarse en un auto —ni siquiera acercarse a él— conducido por alguien que no conozcan.

Sin embargo, la mayoría de los casos de abuso sexual de menores involucra a alguien que el niño ya conoce. Es imperativo que le enseñemos a nuestros niños, desde la más temprana edad posible, que sus cuerpos les pertenecen y que nadie debe tocarles sus genitales ni hablarles de un modo que parezca amenazante. Siempre les enseñamos a nuestros niños que si alguien les hacía sentir en peligro, aun si esa persona era un miembro de la familia o alguien que habían conocido durante mucho tiempo, se olvidaran de todas las reglas de educación. Queremos que griten, golpeen, muerdan, pateen y corran —lo que sea necesario para escapar de la situación.

Conozco a un niño, de unos doce años de edad, a quien se le acercó en un parque de diversiones una mujer con el disfraz de un personaje. Le echó un brazo por encima al muchacho y le dijo: «¿Te gustaría tener una foto de nosotros dos?». El muchacho le respondió: «No, en verdad no quiero». La mujer persistió y no se fue hasta que el niño dijo en voz alta, «¡no, gracias!». La persona disfrazada puede haber tenido las mejores intenciones, pero resulta extraordinario que este niño supiera cómo manejar la situación y tuviera el valor para fijar los límites.

Es también prudente para usted y su familia establecer un código verbal que pueda usarse si algo inesperado sucede y usted necesita que un amigo recoja a sus hijos. Dígale a sus hijos que sólo pueden subir al auto si esa persona conoce la contraseña. Enséñeles a sus hijos a quién dirigirse si alguna vez se separan de usted. Gavin de Becker, uno de los primeros expertos en seguridad, no recomienda que los niños vayan a la policía cuando se pierden. Para niños pequeños, los guarda jurados parecen agentes de policía. La primera recomendación de Becker a un niño perdido es encontrar a una mamá y pedirle ayuda. Contemple la idea de ponerle a sus hijos un brazalete u otro medio de identificación que incluya algún modo de ponerse en contacto con usted. Cuando los niños son demasiado pequeños para recordar su número telefónico, recomiendo que se lo escriban en la piel con un marcador siempre que salgan a un lugar donde haya mucha gente.

Finalmente, cuando conozca extraños o nuevos amigos de sus hijos, o los padres de éstos, confíe en su intuición. Podemos tener los mejores filtros de computadoras y los más avanzados sistemas de seguridad, pero ellos son sólo herramientas y no son invencibles. Creo que la intuición, especialmente para las madres, es un talento dado por Dios que no debe desaprovecharse. Cuando alguien la haga sentir incómoda, préstele oídos a su voz interior. En el mundo empresarial nos enseñan a percibir el temor y seguir adelante de todos modos. Ésa puede ser una buena estrategia en los negocios, pero es una actitud errónea para su familia. Existe una razón por la cual a las madres a veces se nos compara a una leona con sus cachorros. Ambas estamos fieramente dedicadas a la protección de nuestras crías, sea cual fuera el precio.

Una rebelión sana

Hemos estado hablando acerca de los medios de mantener a su familia segura protegiéndola de amenazas y presiones externas. Sin embargo, sus hijos corren algunos riesgos voluntariamente. En estos casos, el conocimiento puede ser su mejor manera de protegerse.

Todos estamos conscientes de las tentaciones y riesgos de las relaciones sexuales premaritales. Casi la mitad de los estudiantes norteamericanos de secundaria tienen relaciones sexuales. Más del 8 por ciento de las muchachas de quince a diecinueve años salen embarazadas. Aproximadamente uno de cada cuatro jóvenes sexualmente activos contrae una enfermedad venérea o de transmisión sexual, tales como papilomavirus humano (PVH), tricomoniasis, clamidia, hepatitis o VIH/SIDA. El Centro para el Control y Prevención de Enfermedades calcula que más de un tercio de los adolescentes están infectados de PVH[8]. Y algo aun más pavoroso, estamos produciendo cepas más resistentes a estas enfermedades y nuevos «supervirus» que son difíciles de curar. Somos la única especie en el planeta con la posibilidad de destruirnos a través del acto de copular.

Sus hijos deben conocer estas realidades. Los padres deben decidir cuándo es el momento oportuno para hablar de temas sexuales con sus hijos, pero no espere demasiado tiempo. Es mejor hablar demasiado pronto que demasiado tarde. He tenido el placer de frecuentar al Dr. Robert Schuller y a su familia. Su hija Gretchen compartió amablemente conmigo una serie de libros sobre educación sexual (la serie del aprendizaje sobre el sexo de Rich Bimler). Son estupendos porque son prácticos, presentan un punto de vista cristiano e incluyen un libro para cada edad. Recuerdo haberme sentido algo avergonzada cuando comencé a leerlos y a pensar en compartirlos con nuestros hijos. Luego pensé que si me sentía avergonzada, no podría conversar con ellos de esos temas en el futuro. Me sobrepuse a mi vergüenza y llevé a cabo la discusión de los libros con nuestros hijos.

Tener «la primera conversación» es importante, pero no se detenga ahí. Si quiere crear un ambiente seguro para sus hijos, debe mantener un diálogo sincero con ellos. Hágales saber que cuando la gente habla de «relaciones sexuales seguras», lo que realmente quiere decir es «relaciones sexuales *más seguras*». Ciertamente, los condones son más seguros que no usar ninguna protección. Pero los condones se rompen. Y los condones no protegen a nadie de una desilusión. Hágales saber a sus hijos con toda claridad cuál es su posición respecto a las relaciones premaritales y por qué. Converse con ellos acerca del impacto emocional de la intimidad sexual. Una vez que una persona se entrega sexualmente a otra, eso no se puede recuperar. ¿Cuántas muchachas —y muchachos también— han descubierto lo que parece amor y han iniciado una relación sexual, sólo para darse cuenta de que no había amor en absoluto? ¿Cuántos se han enamorado de verdad, para luego aprender demasiado tarde que no es el amor duradero el que conduce a un matrimonio de por vida? Un amor verdadero siempre estará dispuesto a esperar hasta el matrimonio para la intimidad sexual. Lleve a sus hijos a pensar en un par de preguntas fundamentales: ¿Podría la intimidad sexual ahora dar lugar a un enorme dolor emocional después? ¿Merecen las relaciones sexuales el riesgo de su salud e incluso de su vida?

Por supuesto, en la nuestra y en millones de otras familias el sexo premarital es tanto un problema moral como un asunto de salud emocional y física. Dios no quiere privarnos, ni a nosotros ni a nuestros hijos, del placer; pero si quiere librarnos del dolor. Si deseamos vivir conforme a Su plan, debemos aceptar que el sexo premarital no es Su elección para nosotros.

Un diálogo franco es de igual importancia cuando abordamos el tema del consumo de bebidas alcohólicas y drogas. Ya he compartido con ustedes que en las reuniones sociales de nuestra familia no servimos bebidas alcohólicas, y ciertamente no justificamos el uso de drogas. Converse con sus hijos acerca de las leyes y los riesgos físicos y emocionales asociados con el uso y abuso de bebidas alcohólicas y drogas. Explíqueles sus propios sentimientos. Esté a la caza de cualquier señal de conflicto y facilítele a sus hijos el resistir al alcohol y a las drogas quitando de su vista cualquier tentación.

Hasta los medicamentos por recetas pueden traer problemas. Uno de mis amigos más allegados, un hombre que es como un hermano para mí, ha estado recuperándose del abuso de bebidas alcohólicas y drogas durante veinticinco años. Ha contado con toda sinceridad que solía registrar el botiquín de su madre en busca de píldoras. Se dio cuenta de que si tomaba una o dos píldoras de un frasco y otras dos de otro, nadie notaría la diferencia. Reconozca que sus hijos se encuentran en una edad cuando es común experimentar. No los aliente sin querer dejando a su alcance bebidas alcohólicas o píldoras de medicamentos que debían estar fuera de su casa o bajo llave.

Cuando converse acerca de esto con sus hijos, hágales saber algo más: las personas que llevan vidas sanas y exitosas por tomar decisiones sabias con frecuencia son la minoría. Aliénteles a aceptar y extraer fuerzas de ese principio. La mayoría de los niños quiere rebelarse en algún momento de sus vidas. ¡Dígales que ésa es su oportunidad! Yo me rebelé a veces contra los dictados de la multitud siendo más joven. Cuando estaba en una fiesta en mi época del modelaje y alguien me ofrecía drogas, decía que no. Cuando un fotógrafo me pidió al inicio de mi carrera como modelo que me desnudara el torso, le dije que no me sentía cómoda haciéndolo. Él me respondió que no prosperaría en el negocio sino lo hacía. Cuando seguí rehusando, él fue aun más lejos y me empujó. No soy una persona violenta, pero le devolví el empujón y me fui del trabajo.

Ese fotógrafo se equivocó. No tuve que comprometer mis convicciones para alcanzar el éxito. Ni tampoco tendrán que hacerlo sus hijos. Me acuerdo cuando estaba en la primaria superior y quería desesperadamente adaptarme y ser como todos los demás. Todos nos hemos sentido así en ocasiones. Pero es mejor ser un ejemplo para sus amigos que seguirlos ciegamente. Recuérdeles a sus hijos e hijas que en lugar de intentar adaptarse, lo más importante es ser cabal consigo mismo y con el plan que Dios tiene para uno. Ése es el enfoque que los mantendrá en un sendero seguro y saludable por el resto de sus vidas.

Auténticas soluciones

PROBLEMA: Quiero hacer más para proteger a mi familia de posibles peligros físicos. ¿Qué medidas debo tomar?

SOLUCIÓN: Actúe ahora para evitar emergencias tales como caídas, intoxicaciones y lesiones por causa de armas de fuego.

Las tres lesiones infantiles más comunes prevenibles son caídas, intoxicaciones y heridas por armas de fuego. A continuación les presento algunos consejos para evitar cada una de ellas.

CAÍDAS

Miles de niños se lesionan en caídas cada año, particularmente de camas literas, carritos de supermercados, graderías de centros deportivos y ventanas abiertas. Uno de mis lemas es esperar lo mejor pero planear para lo peor. El sentido común y unas cuantas medidas preventivas ayudarán a mantener segura a su familia.

- Enséñele a sus hijos que es peligroso jugar de manos en las literas y que no debe haber más de un niño al mismo tiempo en la litera de arriba. No permita que niños menores de seis años usen la litera de arriba. En la sala de emergencias, mi marido ve con frecuencia los resultados de hacer payasadas en las literas: niños con huesos rotos.

- Asegure firmemente las escaleras de las literas y use sólo los colchones del tamaño adecuado a la cama. Fije soportes a los bordes de las literas con tornillos o pernos.

- Sujete a la pared cualquier mueble de su casa, tal como un estante de libros, que pudiera caerse y lesionar a un niño. El compañero de trabajo de un amigo mío recibió hace poco una trágica llamada telefónica en su oficina. Su hijo pequeño se había subido a un estante de libros y éste le cayó encima y lo mató. Todos los muebles grandes que vendemos en Kathy Ireland Worldwide vienen con un juego de tornillos para fijarlo a la pared. Si usted compra un mueble grande que no incluya este accesorio, vaya a la ferretería y compre lo que necesita para hacerlo más seguro para los pequeños.

- Cualquier espacio entre las barandas de las literas y los marcos de las camas debe ser menor de tres pulgadas y media, y las barandas deben tener por lo menos cinco pulgadas por encima del colchón para evitar que los niños se caigan.

- Use siempre un arnés o cinturón de seguridad para sujetar a los niños en los asientos de los carritos de los supermercados. No deje que su hijo se ponga de pie en el carrito ni que lo empuje, y esté cerca del carrito todo el tiempo.

- Examine con cuidado las gradas (de un estadio) antes de que su hijo se siente; muchas tienen décadas y están faltas de reparación. Vigile a los niños de cerca y adviértales del peligro de caerse por el espacio que hay debajo de los asientos.

- No permita que los niños jueguen cerca de una ventana abierta. Recuerde que las mallas de las ventanas pueden romperse con facilidad y que las ventanas también.

ENVENENAMIENTOS

La curiosidad es un rasgo maravilloso de los niños, pero también puede causarles problemas, especialmente si tienen acceso a substancias letales. Tome en consideración los consejos siguientes con vistas a reducir esta amenaza en su familia:

- Conozca qué productos de aseo y qué medicamentos son tóxicos y guárdelos fuera de la vista y del alcance de sus niños. Elimine las plantas ponzoñosas.

- Mantenga todos los productos en sus envases originales y sólo compre aquellos que los niños no puedan abrir.

- Nunca deje mal puestos los productos de aseo doméstico mientras los usa o después de usarlos. Un envenenamiento puede ocurrir en segundos.

- Instale en su casa detectores de monóxido de carbono.

- Tenga una nota cerca de cada teléfono con el número nacional de emergencia para problemas de envenenamiento: 1-800-222-1222.

Es también muy importante que esté al tanto de los productos químicos que tiene en su casa y en su lugar de trabajo. Una de mis amigas más queridas perdió a su hija de cáncer del pulmón. Ella se pregunta ahora si hubo algún vínculo entre el cáncer y los productos químicos que ella usaba como esteticista. Estamos viendo mayores incidencias de cáncer en la actualidad que en generaciones anteriores. Piense en los tóxicos potenciales que la rodean. Si su casa fue construida antes de

1978, haga que examinen la pintura de las paredes por si contiene plomo. Contemple alternativas orgánicas a los productos químicos que usa. Aún nos queda mucho por saber respecto a estos peligros, así que cuando menos expuesta esté a estas substancias, tanto mejor.

ARMAS DE FUEGO

El factor más común en todas las lesiones accidentales con un arma de fuego es el acceso a un arma cargada. Si usted es madre y posee armas de fuego, la medida más importante que debe tomar es reducir el acceso de sus niños a esas armas, que debe guardar en un lugar seguro.

- Pregúntese si el beneficio de tener un arma de fuego en casa vale el riesgo que corren sus hijos.

- Mantenga las armas de fuego descargadas y las municiones bajo llave. Guárdelas en sitios distintos y fuera del alcance de los niños. Use seguros de calidad en todas las armas de fuego. Mantenga las llaves y los candados de seguridad del sitio donde guarda las armas en otro lugar.

- Converse con sus hijos acerca de los peligros de las armas. Enséñeles que nunca se debe jugar con un arma de fuego y que acudan adonde esté un adulto de confianza si encuentran alguna.

- Pregunte a los padres de los amigos de sus hijos si tienen armas de fuego y qué criterios de seguridad siguen[9].

¡Auxilio! ¡Es una emergencia!

Cada segundo cuenta en un caso de emergencia. Con un poco de planificación, usted estará mucho mejor preparada para usar eficientemente esos primeros y preciosos momentos cuando ocurre lo inesperado. Una medida vital es tener una lista de números telefónicos de emergencia cerca de todos los teléfonos de la casa. Si su familia sólo tiene un teléfono móvil, fije esas listas en varios lugares de fácil acceso. Cada lista debe incluir los números de teléfono de los servicios de ambulancia, bomberos y policía (911 en la mayoría de las zonas), el del control de tóxicos, los de los médicos y dentistas de sus hijos; los de las compañías de electricidad, petróleo y gas, sus propios números de la casa, trabajo y celular, su dirección y los números de teléfono de los tutores legales de sus hijos así como de amigos y parientes a los que habría que llamar si los padres resultan lesionados o no se encuentran presentes. Tenga copias de esta lista en su auto y en la bolsa de los pañales.

Es prudente también tener un libro de primeros auxilios, un equipo contra envenenamientos, un extinguidor de incendios y linternas en lugares de su casa que sean fácilmente accesibles. Reemplace su extinguidor de incendios todos los años. Tenga a mano baterías de repuesto y contemple la compra de linternas que no dependan de baterías. Cerciórese de que todos en la familia saben dónde se encuentran estos artículos de emergencia. Dedique tiempo hoy a aprender la maniobra de Heimlich y la técnica de resucitación cardiopulmonar (CPR, por su sigla en inglés) —no lo aplace.

Si se enfrenta con una emergencia, comience por inhalar profundamente y mantener la calma. Si la víctima está seriamente lesionada y no responde, llame inmediatamente al 911. Comience con la técnica de resucitación cardíopulmonar (CPR) si la víctima no respira. Si la víctima está sangrando, aplique una presión continua en la herida con un paño limpio. Cuando sus hijos sean lo bastante crecidos, explíqueles qué hacer en un caso de emergencia. Cerciórese de que ellos y su niñera saben cuál es la dirección de la casa y el número de teléfono. En caso de emergencia, el operador del 911 pide esta información.

PROBLEMA: He oído hablar de los niños que compran remedios para la tos y el catarro con el fin de endrogarse. ¿Cómo estoy segura de que mis hijos no intentan semejante locura?

SOLUCIÓN: Déjeles hablar mientras los observa.

Según una encuesta reciente del gobierno, aproximadamente 3,1 millones de personas entre los doce y los veinticinco años de edad han abusado intencionalmente de los medicamentos para la tos y el catarro que se venden sin receta, lo cual es más del 5 por ciento de los adolescentes y jóvenes adultos de este país[10]. Una tendencia creciente entre los jóvenes es usar ingredientes que se encuentran en los medicamentos que se venden sin receta para fabricar metanfetamina, un psicoestimulante muy adictivo. En los últimos años una mayor preocupación respecto al abuso de los medicamentos sin receta ha dado lugar a leyes federales y estatales que limitan la cantidad de ciertas medicinas que pueden comprarse dentro de períodos específicos de tiempo. Ése es un paso en la dirección correcta, pero no basta para ponerle fin a esas conductas.

Otra tendencia reciente y perturbadora entre los jóvenes es el abuso de productos domésticos, conocidos entre los usuarios como *whiteout*, esnifar o inhalar. Una persona busca una bolsa, la llena de productos de limpieza u otras substancias tales como goma, pintura, aguarrás, esmalte de uñas, plumones, desodorante o líquido corrector y los inhala. Esto puede causar lesiones cerebrales, pérdida de la audición, cardiopatías y lesiones permanentes en los riñones y el hígado. También puede causar la muerte.

Una variación de esta conducta se llama *dusting*. Supe de

una familia que se esforzaba en mantenerse al tanto de la cultura de las drogas. Hasta donde los padres sabían, ninguno de sus hijos jamás había probado drogas. El padre compró una lata grande de Dust-Off, un producto destinado a echar aire comprimido a las computadoras para quitarles el polvo y otros residuos. Lo que esta familia no se dio cuenta es que el Dust-Off contiene también un propulsor que, al inhalarse, inhibe el flujo del oxígeno al cerebro. Dos mañanas después, cuando la madre intentó despertar a su hijo de catorce años, no pudo. Estaba muerto y en las manos tenía aún la lata de Dust-Off que había estado inhalando.

No existe ningún método infalible para mantener a sus hijos alejados de estas u otras drogas o substancias. Sin embargo, hablando regularmente con ellos de los peligros del uso de drogas, así como de todo lo demás que pasa en sus vidas —y escuchando atentamente sus respuestas— estará en una situación mucho mejor para proporcionarles el apoyo que necesitan cuando tengan problemas. Préstele atención a las últimas tendencias en el uso de las llamadas drogas recreativas; entérese lo más que pueda al respecto. Y vigile a sus hijos de cerca. Capte cualquier cambio de conducta y reaccione con serenidad y rapidez. Si se involucra y se mantiene atenta, le transmitirá a sus hijos lo importante que ellos son para usted. Ésa es con frecuencia la mejor de todas las estrategias contra las drogas.

PROBLEMA: Acabo de enterarme que una amiga de mi hija en la secundaria se ha estado cortando con un cuchillo. ¿Por qué alguien hace esto? ¿Hay algo que yo pueda hacer para desalentar a mis hijos de hacerlo?

SOLUCIÓN: Sí: ame, honre y vigile a sus hijos.

La automutilación y las autolesiones, también conocidas como «cortaduras», parecen estar en ascenso en Estados Unidos, especialmente entre muchachas adolescentes y mujeres jóvenes. Las raíces de esta conducta suelen ser complejas, pero pueden incluir baja autoestima y sentimientos de ira, dolor emocional, temor y odio. Aunque obviamente destructiva, es la manera en que algunas personas liberan una tensión abrumadora y se enfrentan a sentimientos incontrolables. Las personas que se agreden usualmente se cuidan mucho de ocultar sus heridas y cicatrices; sienten vergüenza aunque lo sigan haciendo.

Conozco a una joven, Tracy (no es su nombre real), que empezó a cortarse los hombros y la parte interna de los muslos cuando tenía catorce años. Su padre abusaba físicamente de ella. La madre se había ido de la casa. Sentía que no tenía ningún fin en la vida, ni ningún futuro. A los diecinueve años Tracy se hizo un aborto; las cortaduras empeoraron. Sólo después de ingresar en un programa para mujeres víctimas de grandes quebrantos comenzó a restablecerse física y emocionalmente[11].

Si bien las cortaduras parecen estar en aumento, no se trata de algo nuevo. Fui parte de un grupo que viajó recientemente a Israel y estuvimos en el Monte Carmelo, el mismo lugar donde Elías confrontó a los profetas de Baal, el falso dios, muchos siglos antes. Nuestro pastor, que nos acompañaba en el viaje, nos recordó que los seguidores de Baal llamaron a su dios durante horas, pidiéndole que encendiera el fuego para el sacrificio. Cuando Elías se burlaba de ellos, «comenzaron entonces a gritar más fuerte y, como era su costumbre, se cortaron con cuchillos y dagas hasta quedar bañados en sangre» (1 de Reyes 18:28). Su conducta autodestructiva no cambió nada, desde luego. Sólo cuando Elías clamó al verdadero Dios las llamas iluminaron la montaña. Este notable ejemplo de la Biblia nos recuerda que el mal en todas sus formas ha estado presente durante mucho tiempo.

Mientras nuestro pastor nos hablaba acerca de Elías, compartió con nosotros que hace un par de años unos padres fueron a verlo preocupados porque sus hijos se estaban haciendo cortaduras. Él se quedó muy angustiado por esto. Luego de orar, se sintió atraído a este pasaje de las Escrituras: «Pasó el mediodía, y siguieron con su espantosa algarabía hasta la hora del sacrificio vespertino. Pero no se escuchó nada, pues nadie respondió ni prestó atención» (1 Reyes 18:29). Sepa que ésta es una tragedia que puede ocurrir en los hogares más amorosos, donde los padres prestan atención y donde los hijos reciben cariño. Si uno de sus hijos se involucra en este odiosa práctica, no se rinda ni pierda la esperanza. Persevere y nunca cese de orar por sus preciosos hijos.

¿Qué podemos hacer para intentar evitar que esto suceda? Hágales saber a sus hijos cuánto los quiere y los valora. Anímeles a compartir sus sentimientos y no se olvide de respetar esos sentimientos aunque discrepe de ellos. Enséñeles a sus hijos maneras adecuadas de responder a situaciones de estrés; y ayúdelos a ver las opciones para enfrentarse a los problemas. Evite cualquier forma de abuso físico o emocional en su hogar. Y si encuentra que alguno de sus hijos se está haciendo cortaduras, busque ayuda profesional de inmediato.

PROBLEMA: Soy una madre soltera y recientemente oí hablar de la AEA. Quiero desalentar a mis hijos de intentarla, pero no sé si pueda manejar esa conversación.

SOLUCIÓN: Sobrepóngase a su desasosiego y explique los peligros.

AEA es la sigla en inglés para referirse a la asfixia autoerótica, la práctica por la cual una persona reduce el flujo de oxígeno al cerebro, usualmente mediante estrangulación o asfixia «controlada», para aumentar la sensación de placer durante la masturbación. Cuando participa otra persona, se llama asfixia erótica. Obviamente, esta actividad es extremadamente peligrosa. La gente puede usar cinturones, cordones, bufandas o corbatas para producir el efecto deseado o meten la cabeza en una bolsa plástica. Muchos tratan de preparar un mecanismo de rescate para detener la asfixia, pero lo «infalible» a menudo falla. Varios centenares de personas —la mayoría de ellas muchachos adolescentes— mueren en Estados Unidos cada año en la práctica de la asfixia erótica o autoerótica. Alguna gente, entre ellos padres, expertos y funcionarios de salud, dicen que las cifras deben ser más altas por creer que muchas muertes consideradas como suicidios pueden haber conllevado AEA.

Una variación mortal de la AEA es el «juego de la asfixia» en el que muchachos —especialmente los que no tienen acceso a drogas— se reúnen y se asfixian unos a otros para sentir una euforia estupefaciente. Éste también puede ser un pasatiempo fatal.

Algunas de las señales de la asfixia erótica incluyen marcas o moretones en el cuello que no se justifican o por las que se da una explicación poco creíble, dolores de cabeza, ojos inyectados o rojez alrededor de los ojos, hallazgo de cinturones u objetos semejantes o corbatas anudadas y la costumbre de cerrar frecuentemente con llave la puerta del dormitorio.

Muchos padres se sienten incómodos de hablar acerca de esta inquietante conducta, en particular con sus hijos. En verdad lo entiendo. Pero mi consejo nuevamente es que elija su incomodidad. ¿Preferiría tener una conversación difícil ahora a vivir sabiendo que su familia podría un día enfrentar una pesadilla? Aun si cree que no hay posibilidades de que sus hijos incurran en esta práctica y ni siquiera lo hayan pensado, usted debe hacerles conciencia al respecto. Usted puede no hablar de eso, pero los amigos de sus hijos de seguro lo harán. Sobrepóngase a su incomodidad y explique los peligros. Podría estar salvando la vida de su hijo.

PROBLEMA: Tanto un pariente como un amigo de la familia abusaron física y sexualmente de mí cuando era niña. Estoy dando pasos para enfrentarme a mi pasado y viendo a un consejero. ¿Cómo sé que no abusaré algún día de mis propios hijos?

SOLUCIÓN: Aprenda a romper el ciclo.

Me parte el corazón la historia de cualquiera que haya sufrido, y sobrevivido, el abuso y el trauma. Siento una gran admiración por mujeres y hombres que han rechazado activamente los comportamientos destructivos de su pasado. El abuso infantil es una tragedia que con frecuencia se transmite de una generación a la siguiente, pero eso no tiene por qué ser así. Si ésta es la conducta histórica de su familia, usted debe ser quien rompa el ciclo. Aprenda a usar su dolor para levantar un puente de esperanza. Los ciclos continúan cuando jugamos al «avestruz» y vivimos sin querer reconocer lo que ha ocurrido. Para romper ese ciclo, debemos enfrentarnos con nuestro dolor. Eso no significa vivir en él, aunque el enfrentarlo puede llevar tiempo. No sea dura con usted misma. Dar ese paso para enfrentar su pasado, tratar el problema y seguir adelante es un buen indicio de que usted será la última persona en el ciclo del abuso.

Me siento muy agradecida y siento una gran admiración por las personas que han sufrido traumas infantiles y han encontrado los medios de utilizar esas horribles experiencias para bien. Un miembro allegado de mi familia empresarial tuvo una infancia espantosa. Presenció la agresión a tiros de un familiar y pidió socorro mientras la víctima se desangraba encima de él. Su madre le pegaba regularmente y fue víctima de los abusos sexuales de un hermano mayor. Este hombre hizo uso de la experiencia y el dolor de esas tragedias para convertirse en una de las personas más solidarias que conozco. Eligió romper el ciclo y convertirse en padre, tío, amigo y padrino amoroso. Tiene también una gran capacidad para hacer evaluaciones de riesgos y por lo regular participa en procedimientos de seguridad para nuestro equipo.

No importa los antecedentes que tengamos, todos tenemos la capacidad de convertirnos en soldados del Señor y proteger vidas jóvenes. Debemos escoger no sólo nunca ser abusadores, sino también ponerle fin al abuso siempre que podamos y donde podamos. Si tiene la determinación —y si se educa a sí misma con métodos de comprobado éxito y confía en que Dios se ocupará del resto— puede marcar la diferencia. Estoy segura de que nuestros hijos y mi marido saben que yo estoy en su equipo: mi amor por ellos es incondicional. Puedo no estar de acuerdo con todas y cada una de las decisiones que tomen, pero no hay nada que no podamos vencer juntos y nada jamás me hará dejarlos de querer. Estoy segura también que nuestros hijos saben que, en tanto oro para que sus errores no tengan consecuencias devastadoras, algunos errores no dan lugar a una segunda oportunidad.

Otras conductas dañinas que a veces se transmiten a lo largo de generaciones son el alcoholismo y el abuso de drogas. Si usted se enfrenta a esas adicciones, la insto, por el bien de sus hijos, a buscar la ayuda que necesita. Debemos darles a nuestros hijos todas las oportunidades de ser la bendición para el mundo que Dios quiere que sean. Por supuesto, aun algunas de las familias más amorosas, incluidas aquellas sin antecedentes de alcoholismo o drogadicción, se encontrarán lidiando con estos problemas. Ninguno de nosotros es inmune. No obstante, sus esfuerzos en ser un modelo para sus hijos sí marca una diferencia. Su ejemplo, inclusive cuando persevera en medio del fracaso, puede ser el aliento que necesitan para mantener el rumbo hacia su destino.

Cuestionario evaluativo sobre soluciones de seguridad

☐ ¿Conoce las causas más comunes de muertes y lesiones en la infancia y está tomando medidas para minimizar los riesgos de su familia?

☐ ¿Cuán de cerca supervisa la actividad de sus hijos respecto a los medios de comunicación, en particular el uso que hacen de la Internet y del correo electrónico?

☐ ¿Conversa con sus hijos respecto a los mensajes que reciben a través de los medios de difusión?

☐ ¿Ha conversado con los padres de los amigos de sus hijos acerca de sus reglas y valores?

☐ ¿Saben sus hijos qué hacer si alguien a quien no conocen los aborda?

☐ ¿Saben sus hijos cómo responder si alguien intenta tocarlos de forma inapropiada?

☐ ¿Ha hablado con sus hijos acerca de los riesgos de las relaciones sexuales premaritales, así como acerca del consumo de bebidas alcohólicas y drogas?

☐ ¿Entienden sus hijos el concepto de rebelión sana?

☐ ¿Mantiene usted todos los medicamentos, productos de limpieza y armas de fuego en sitios seguros e inaccesibles?

☐ ¿Ha puesto en distintos lugares de su casa listas con los números telefónicos de emergencia actualizados?

capítulo cinco

Lo mejor de usted

Estoy tan ocupada y estresada que ya no sé

quién soy. Sencillamente intento sobrevivir

cada día. ¡Necesito un plan de vida!

¿Puede ayudarme?

*C*uando era joven, ¿soñó alguna vez sobre lo que quería ser cuando fuera grande? Sé que yo lo soñé. Quería ser reportera de un periódico debido mi a gran curiosidad, bióloga marina por mi amor al océano y maestra por mi amor a los niños. Para todos nosotros, esos sueños de la infancia son parte del proceso de descubrir la persona que nos proponemos ser. Al principio son atisbos de nuestro futuro, cuando miramos más allá de lo que somos en medio de la niebla de lo que podríamos llegar a ser. Instantáneas tempranas de lo que nos depara el futuro.

¿Recuerda esos sueños de infancia? Y algo más importante, ¿sueña usted aún? Hay tantas madres que empezaron su vida matrimonial con las mayores esperanzas para el futuro, impacientes para empezar una familia. Tenían metas sobre el tipo de esposas y madres que querían ser. Esperaban ver desarrollarse su carácter individual y su fe y confiaban que lo mismo germinaría en sus hijos. Se veían participando en apasionantes carreras y causas y sentando pautas en el mundo.

Muchas de estas mismas madres están en un lugar diferente ahora. Agobiadas por las cargas y distracciones de la vida cotidiana, se encuentran deprimidas y carentes de inspiración. Se sienten atrapadas y ya no tienen una clara visión de su futuro. Están preocupadas por sus hijos en un mundo que puede ser peligroso.

Si esto describe su vida, me felicito de que haya agarrado este libro en sus manos. Vivir sin sus sueños es triste e innecesario. Incluso cuando se siente frustrada, triste o enfurecida, es como el cliché acerca del vaso de agua. ¿Medio vacío? ¿Medio lleno? Usted decide. Si no está viviendo sus sueños, está perdiéndose las muchas opciones maravillosas que sí están a su alcance. Si quiere llegar a ser lo mejor de usted misma, es hora de redescubrir y alimentar sus sueños. El primer paso consiste en explorar sinceramente dónde ha estado, dónde se encuentra actualmente y adónde quiere ir.

Sueños y obstáculos

Hagase y respondase algunas preguntas difíciles. Eso resultará más efectivo si lo hace cuando no esté distraída por su familia u otras responsabilidades. Ponga por escrito sus respuestas en un papel o en su computadora. Dese tiempo para reflexionar, concentrarse y descargar lo que hay en su mente y en su corazón —no se permiten respuestas de una palabra o de una oración. Si es necesario, pídale a su marido, a una amiga o a un miembro de su familia que cuide a los niños por un rato. Si no tiene a nadie que la ayude, ésta sería la rara ocasión en que le recomendaría que dejara que los niños se entretuvieran con algún programa de la televisión o algún vídeo apto para ellos que los mantuviera ocupados. Su familia, ya sea usted parte de una pareja tradicional con hijos o una madre soltera, se beneficiará de que se tome ese tiempo para usted. Emplee más de una sesión si no puede concluir rápidamente.

¿Está lista? Ahí vamos.

1. ¿Qué sueña para usted, su matrimonio, su familia y su carrera? ¿A qué aspira en esas áreas para el próximo mes, el próximo año, dentro de cinco años, de aquí a diez años?

2. Si está casada, ¿qué clase de esposa quiere ser? Si es soltera y no quiere quedarse así, ¿qué clase de marido anda buscando?

3. ¿Qué clase de madre quiere ser?

4. ¿Cómo define el *éxito*?

5. ¿En cuál de las áreas que aparecen listadas más arriba está teniendo éxito? ¿Qué hace usted para conseguirlo?

6. ¿En cuál de esas áreas listadas más arriba siente que no tiene éxito? ¿Qué está bloqueándola en cada una de estas áreas? Sea específica.

7. ¿Qué puede hacer, a partir de hoy, para eliminar los obstáculos, acercarse más a sus sueños y alcanzar el éxito en cada una de las áreas que apuntó en el número seis?

Si este ejercicio emocional le ha sacado las lágrimas porque sus sueños son inalcanzables, sus «fracasos» superan en número a sus éxitos y usted no sabe cómo eliminar los obstáculos, no se desaliente: ¡para eso es este libro! Yo no puedo garantizarle que resolveremos todos sus problemas al llegar a la última página. Puedo decirle que el camino no siempre será fácil. Mi vida dista de ser perfecta, pero me encanta buscar respuestas y compartirlas. Muchas de las lecciones que aparecen en estas páginas han penetrado en mi cabeza sólo después de abundantes «fracasos». Prometo que abarcaré bastante terreno para cualquier madre y esposa y que las soluciones la ayudarán a lograr lo mejor de usted: la persona que usted nació para ser.

Mi confianza en sus posibilidades no se basa tan sólo en mi experiencia. Pongo mi fe y mi vida en las manos de Dios. Tenía dieciséis años y me sentía insegura y amedrentada cuando me di cuenta de que Dios realmente me amaba. Tomé entonces la decisión de confiar en Él por encima de todos los demás. Creo en un Dios compasivo que nos ha creado a cada uno de nosotros con un propósito singular. Él no comete errores. Le ha dado el más preciado de los dones, el don de la vida, a usted y a sus hijos. Él no le pondría ese don y esa responsabilidad sobre sus hombros sin un magnífico plan para su futuro.

Uno de mis versículos preferidos de la Biblia, Jeremías 29:11, dice: «Porque yo sé muy bien los planes que tengo para ustedes —afirma el Señor—, planes de bienestar y no de calamidad, a fin de darles un futuro y una esperanza». Dios quiere darnos un futuro y una esperanza a cada uno de nosotros. El problema, con demasiada frecuencia, es que perdemos ese futuro porque dejamos que algo se interponga en el camino.

Anclas y motores

Muchas madres dicen tener falta de confianza en sí mismas, en sus capacidades maternas. Pueden pretender en presencia de sus amigos e incluso de su propia familia que lo tienen todo, sin embargo, se sienten abrumadas en su interior e incapaces de administrar sus vidas. La imagen que tienen de sí mismas las golpea a diario. Estas mujeres piensan que sus capacidades no están a la altura de los compromisos y las responsabilidades a que se enfrentan cada día y creen secretamente que cualquier otra mujer se desempeña mucho mejor. Por lo general, ésa no es la verdad.

Si usted es una de esas mamás, le tengo tres preguntas: ¿quién conoce a sus hijos mejor que usted? ¿Quién está más preparada para ser la madre que ellos tan urgentemente necesitan? Y, ¿qué otra persona puede llevar a cabo los propósitos que Dios ha concebido específicamente para usted? La respuesta en cada caso es, desde luego, usted —y sólo usted, que está singularmente preparada para ser la madre de su hijo y que es también la persona más calificada para realizar su propio destino.

En todos los trabajos que he tenido, siempre me han pedido pasar por un proceso de solicitud —con una sola excepción. Esa excepción fue la de convertirme en madre, que es el puesto más importante de todos. Supongo que usted tampoco solicitó su trabajo de madre, a menos que haya sido bendecida con el precioso don de la adopción. Si es así como llegó a ser madre, quiero hacer una oración y darle las gracias. Cuando Dios abrió la plaza de madre para su familia, ya Él la tenía en mente. Él la creo específicamente para ese papel. Él sabe lo que usted puede hacer y está presto a guiarla en cada paso. Su trabajo consiste en aceptar el puesto, confiar en Su juicio y escuchar Su dirección.

Lena Horne interpretaba una canción con esta letra: «No te detengas a mirarte en el espejo. Cada vez que pases, mírame. Déjame ser tu espejo… y serás bella por siempre»[1]. Esas líneas contienen un mensaje impactante. Si dejamos que Dios sea nuestro espejo, comenzaremos a vernos como Él nos ve en lugar de cómo pensamos que otros nos ven o cómo los comerciales de la televisión o la revistas de modas nos dicen que debemos opinar sobre nosotros. La verdadera autoestima proviene de la comprensión de nuestro valor para Dios. La Biblia dice que Dios nos creó a cada uno de nosotros a Su propia imagen. Mejor que eso no hay. Al recordar esa verdad, podemos estar absolutamente seguros de nuestra dignidad y valor.

¿Cómo es, entonces, que tenemos tan a menudo una imagen distorsionada de nosotros mismos? Para muchos de nosotros eso parte de los mensajes negativos que escuchamos o nos decimos en voz baja todos los días. Tal vez alguien le dijo cruelmente que usted era fea o inepta o carente de valor. Ese abuso, ya sea verbal, físico, o ambos, es dañino. Usted tiene que reconocer ese dolor a fin de salir de él y recobrarse. Usted podría haber reforzado ese mensaje negativo repitiéndoselo a sí misma a lo largo de los años. Un mensaje de ese tipo no tarda en convertirse en una opinión limitante acerca de uno mismo. Cuando eso sucede, está permitiendo que la opinión insana de un tercero se imponga a la sabiduría divina y consiga distraerla de Su plan. Es un obstáculo que debe echar a un lado para liberar sus posibilidades.

A fin de ser la madre, la esposa y la persona que usted quiere y tenía en mente ser, no puede darse el lujo de darle entrada a la negatividad en su vida. Imagínese una lancha de carreras sobre un lago. Está concebida para atravesar el agua a gran velocidad dejando una estela impresionante a su paso. El poderoso motor que la propulsa da la impresión de que se mueve sin esfuerzo. Pero ¿qué ocurre cuando el ancla de la lancha de carreras descansa en el fondo del lago? Por mucho que acelere el motor, no irá para ninguna parte.

Las anclas son útiles cuando usted quiere permanecer en un lugar por un tiempo. Pueden estabilizar su lancha o su vida. Sin embargo, muchos de nosotros queremos y necesitamos avanzar, pero estamos trabados porque intentamos traer un ancla a remolque. La próxima vez que se sorprenda teniendo un pensamiento negativo sobre usted misma, pregúntese: ¿quiero ser un ancla o un motor? Las creencias limitantes sobre usted misma la inmovilizan. El aceptar el valor que Dios le ha dado la impulsan hacia adelante. Escoja sistemáticamente ser un motor y esas falsas creencias se harán insostenibles.

La familia y los amigos también pueden ser motores o anclas. Procure reunirse con las personas que la animarán a realizar sus sueños. Cuando comenzamos nuestro negocio con una línea de calcetines de diseñador, John y Marylin Moretz fueron nuestros primeros socios de marca. Creyeron en nosotros y en nuestro sueño. En la actualidad ellos no son sólo valiosos asociados, sino también miembros de nuestra gran familia. John y Marilyn nos dieron alas y nos enseñaron a volar.

Si encuentra que las personas a su alrededor la frenan, hable con ellas al respecto. Ayúdelas a ver quién usted es realmente y lo que necesita. Si eso no funciona, usted no tiene que eliminarlas de su vida… sólo poner su punto de vista en perspectiva. Conozca de dónde vienen y hágales saber hacia donde se encamina usted. Las relaciones familiares pueden ser complejas, pero su persistencia en esta área es vital. Si sus parientes no lo captan, necesitará encontrar los medios para reducir el tiempo que pasa con ellos. Si sus amigos continúan frenándola con comentarios negativos, puede ser el momento de buscarse nuevos amigos, «motores», que la ayuden a avanzar. Usted no puede atascarse a menos que lo decida usted misma. Rechace esa opción hoy. Prométase a sí misma que avanzará y cúmplalo.

Sensación de miedo

Otro obstáculo común para llegar a ser lo mejor de sí misma es uno al que nos enfrentamos con frecuencia: el miedo. La mayoría de las encuestas indican que el hablar en público es el mayor motivo de miedo para hombres y mujeres (¡la muerte es el segundo!). Yo puedo hablar de eso. Aún siento ansiedad antes de hablar en público.

Me acuerdo la primera vez que realicé un discurso de negocios. Fue en un hotel en Palm Springs, California, de donde nos habían echado unos años antes, a mi equipo y a mí, por tomar fotos (no sabíamos que necesitábamos un permiso). Ahora había sido invitada a hablar del tema de los negocios a centenares de personas. En los minutos que antecedieron al momento en que me tocaba subir al podio, me sudaban las manos y me latía apresuradamente el corazón. Me sentía tan nerviosa que quería gatear debajo de la mesa y esconderme. Sentía puro terror. Le mencioné mi nerviosismo al hombre que se sentaba a mi lado, un amigo que considero un miembro de la familia. Su respuesta, dicha en un tono amoroso pero enérgico, no fue lo que yo esperaba.

«Kathy, debes sobreponerte a ti misma», me dijo. «No se trata de ti. Hay personas que están ahí que te necesitan, que necesitan la información y la percepción de las cosas que tienes que ofrecer. Estás en una situación única de compartir con ellos lo que quieren oír. ¡Así que inténtalo!»

Tenía razón. Cada uno de nosotros tiene dones y conocimientos que debe transmitir, ya sea a nuestra familia o al mundo. Cuando no lo hacemos, no cumplimos nuestro propósito y privamos a otros de lo mejor de nosotros.

¿A qué le tememos, en resumidas cuentas? No queremos parecer tontos delante de otros. No queremos cometer un error. No queremos fallar. En el fondo, creemos que es falta de confianza en nosotros mismos y en el plan que Dios nos ha trazado. Tenemos miedo de que no seamos lo bastante buenos, lo bastante inteligentes o lo bastante capaces y, en consecuencia, nos retraemos. Y en el proceso nos inhibimos del cumplimiento de nuestro destino y de ser de utilidad a otros.

No quiero decir que cuando confíe en sí misma y en el plan de Dios debe esperar a que el miedo desaparezca. Intento discernir y seguir Su plan para mi vida, pero incluso hoy, siempre que hablo en público, siento mariposas en el estómago. La diferencia es que he aprendido a sentir miedo y a seguir adelante a pesar de él. Del mismo modo, su tenacidad, al enfrentarse a una ansiedad que potencialmente la incapacita, le permitirá atravesar la barrera del miedo. Tal vez su temor es de hablar en público o podría tener miedo de solicitar un empleo en un nuevo campo o de conversar con su hijo o con su hija sobre sexo. Su miedo podría ser el de una madre soltera que se enfrenta a un inesperado embarazo o al reto que representa criar a un niño con necesidades especiales. Sea cual fuere su situación, acepte el consejo de mi amigo y recuerde que no se trata de usted. Si acepta el miedo, se sobrepone a él y llega al próximo peldaño de la escala, estará ascendiendo. Y de esa manera podrá ayudar a su prójimo al tiempo que se acerca a la realización de sus sueños.

Establezca su prioridad

Una tercera razón común por la que las madres no logramos lo mejor de nosotras mismas es que caemos en la trampa de dar hasta que ya no queda nada. Somos consentidoras de corazón. Amamos ferozmente a nuestros maridos e hijos, de manera que cuando nuestras familias carecen de algo —lo cual puede ser a todas y cada una de las horas del día— hacemos lo que haya que hacer para apoyarlos y atenderlos. ¿Necesita un traje de última hora para la obra de teatro de la escuela? ¿Accidentalmente dejó su almuerzo en casa? ¿Súbitamente enfermó y necesita que alguien abandone todo para cuidarlo? Mamá se ocupará de eso. La familia significa todo para nosotras. Estamos dispuestas a dar nuestras vidas para servir a los que amamos. Nada nos recompensa más. Y aunque nos quejemos de ello, lo seguimos haciendo.

Ésta es una actitud noble y amorosa —hasta un punto. El problema es que las madres frecuentemente abandonan sus propias necesidades, a veces hasta un grado alarmante. Ignoramos los avisos que nos advierten que debemos aminorar la marcha y que debemos alimentar nuestras propias almas. A la mayoría de las madres les falta sueño. Nos pasamos la vida deseando que pudiéramos conectarnos a la pared como un refrigerador para recobrar energía. Tristemente, el tomacorriente no funciona, la corriente no fluye y nuestros sistemas se están apagando. ¿Cuántas de nosotras, de pura fatiga, atacamos a los miembros de nuestra familia? ¿Con cuánta frecuencia tomamos decisiones de las que luego nos arrepentimos porque, en ese momento, habíamos llegado al límite? ¿Cuántas de nosotras nos sentimos decepcionadas hasta el llanto porque estamos demasiado ocupadas y cansadas para ser las madres que queremos ser todos los días?

Éste es un conflicto diario para la mayoría de nosotras. Yo no siempre hago una prioridad del cuidado de mí misma. ¿Qué podría ser más importante, después de todo, que cuidar de nuestros hijos? De lo que llegué lentamente a darme cuenta es que sólo seré lo mejor que puedo ser —incluyendo la mejor esposa para mi marido y la mejor madre para mis hijos— si reservaba tiempo para mí. Cuando abandono mis propias necesidades de descanso, renovación y desarrollo, también estoy descuidando a mi familia. Ellos merecen de mí la excelencia, no emociones medio congeladas y sobrantes.

Recientemente fui invitada a hablar durante una conferencia nacional televisada en la Catedral de Cristal en Garden Grove, California. El día señalado para el evento se presentó en una ocasión particularmente tensa para nuestra familia. Menos de un mes antes había fallecido Phil Olsen, el padre de mi marido, quien también fuera un amado esposo, padre, suegro y abuelo. Unos pocos días después de eso, Greg casi se muere durante una tormenta en las Islas Channel a la altura de la costa de California. Yo me enfrentaba con problemas en la oficina y trabajaba en la conclusión de este libro. Siempre constituye un honor ser invitado por la familia Schuller a la Catedral de Cristal. Todos los Schuller son personas estupendas y el Dr. Schuller y su esposa se han convertido en mis amigos y mentores. Ellos son ejemplos vivientes de la importancia de cumplir con los compromisos. Quería hablar en la conferencia y dar lo mejor de mí, pero también debía estar al alcance de mi familia en un momento de crisis. Me sentí abrumada ya que no sabía cómo lo iba a resolver.

La tarde anterior al evento, mi madre entró en nuestra cocina. Yo estaba sentada a la mesa con las manos en la cabeza y no era a consecuencia de un resfriado que tenía las mejillas húmedas y la nariz enrojecida. «Kathy, ¿qué ocurre?», me preguntó. No quería agobiar a mi madre. «Nada», le dije con una voz monótona. Tal como hago a menudo, intentaba esconder mis sentimientos de tristeza, tensión e insuficiencia. Esta vez, sin embargo, la pregunta de mi madre desencadenó una voz sabia que se abrió paso a través de mi niebla mental. Vi en ese instante que en mi determinación de quedar bien con todo el mundo, terminaba por no ayudar a nadie. Estaba muy tensa para ayudar a mi familia y no tenía tiempo para preparar debidamente mi discurso. Y fue así que hice algo que me resulta muy difícil: pedí ayuda. Le pedí a mi madre que cuidara y pasara algún tiempo con los niños y decidí pasar la noche en casa de una parienta donde podría trabajar en mi discurso. Por no intentar hacer todas las cosas, una situación imposible de pronto se hizo manejable. Para mí, ésa fue la solución correcta.

He llegado a darme cuenta de que es verdaderamente importante ser una prioridad. Si la familia le importa de veras, recuerde que usted es un miembro de su familia. Cuando usted se cuida, su familia se beneficia más de lo que pueda imaginarse.

Auténticas soluciones

PROBLEMA: Yo sí tengo unos cuantos sueños —uno de ellos es tener mi propio negocio— pero tengo tanto miedo de perder el dinero, de fracasar y de hacer el papel de tonta que no quiero intentarlo. ¿Dónde encuentro el valor para llevarlo a cabo?

SOLUCIÓN: Dese la libertad de equivocarse.

Lucille Ball decía: «No podemos cambiar todo aquello a que le hacemos frente, pero nada puede cambiarse hasta tanto le hagamos frente». Ella decía también: «No conviene desanimarse. El mantenerse ocupado y hacer del optimismo un modo de vida puede restaurar la fe en uno mismo»[2]. Creo que ella hizo un descubrimiento. Si permitimos que el miedo se apodere de nosotros hasta el punto de perder el optimismo y la capacidad de intentar, nunca estiraremos nuestras habilidades lo suficiente como para desarrollar nuevos «músculos» que nos permitan hacer más. Todo el mundo quería a Lucy. Es irónico darse cuenta de que la comediante más famosa del mundo nunca creyó que fuera cómica. Lucy siempre decía que era valiente.

Conozco a un hombre que encontraba un revés tras otro. A lo largo de un período de veintisiete años soportó la muerte de su novia, el fracaso de dos negocios y una depresión mental. Durante esos años también aspiró a un cargo público, pero en eso también sufrió una decepción. Lo rechazaron en su intento de servir como legislador estatal, portavoz de un legislador estatal, elector presidencial, oficial de tierras del Estado, representante en la Cámara, senador federal (dos veces) y vicepresidente de Estados Unidos.

El hombre se llamaba Abraham Lincoln. Luego de esa serie

de fracasos, fue electo presidente de Estados Unidos. Su determinación mantuvo unida esta nación durante la época más turbulenta de su historia. Hoy, muchos lo tienen por el más enérgico y admirable de nuestros presidentes. Los libros de historia presentan a Abraham Lincoln como un gran líder, aunque no siempre mencionan los riesgos y rechazos que lo llevaron al éxito.

La tesis es que vale la pena probar y fallar. Cuando usted se permite el fracaso, puede aprender mucho. Las personas exitosas en realidad han tenido más fracasos que los demás porque han estado dispuestos a hacer el intento y a aprender de la experiencia. Si usted tiene un sueño para su vida, mi consejo es que lo procure —y si no se le da de inmediato, pregúntese lo que puede cambiar cuando pruebe otra vez.

PROBLEMA: Siempre he luchado para creer en mí misma. Aun de muchacha, creía que las otras chicas eran más inteligentes o más lindas. Aún lo creo así. ¿Qué puedo hacer para dejar de sentirme inadecuada?

SOLUCIÓN: No entre en el juego de la autoconmiseración.

Cuando somos jóvenes, es natural que nos fijemos en nuestros amigos, en los personajes de los medios de comunicación y en las compañeras de clase y decidamos qué lugar nos corresponde en lo que respecta a popularidad, valor, belleza e inteligencia. Sin embargo, según maduramos, esas comparaciones pueden traer problemas. Una vez que usted decidió que todos los demás son más inteligentes, mejores y más populares que usted, esa percepción puede llegar a convertirse en una profecía que tiende a cumplirse por su propia naturaleza. Y cuanto más usted se limite con tal pensamiento negativo, tanto más difícil le resultará romper el hábito.

Una mujer llamada Isabel Wolseley escribió una vez acerca de la sensación que tenía de no dar la talla durante su último año en la escuela secundaria. Sus condiscípulas se vestían mejor, tenían más amigos, notas más altas y siempre parecían saber lo que hacían. Isabel vivía en una granja. Su familia tenía menos dinero que la mayoría de las familias que la rodeaban. Ella se sentía fuera de lugar.

Veinte años después de graduarse, Isabel venció sus sentimientos de insuficiencia lo suficiente como para asistir a una reunión de la secundaria. Una vez allí, se quedó sorprendida de saber que muchas de sus amigas también se habían sentido insuficientes. Como se lo expresó una de ellas: «¡Tú vivías en una granja! Tenías un pony Shetland para pasear y un montón de heno para jugar. Ahora eres escritora y te pasas el tiempo viajando. ¡Siempre te he envidiado!»[3].

Aprecio el relato de Isabel. Cuando yo estaba en la secundaria, no estaba contenta conmigo misma. Era una muchacha torpe de cejas espesas. ¡Si hubiera tenido unas pinzas para las cejas y un acondicionador para ese casquete que yo llamaba pelo! Era una solitaria porque no tenía amigos. Mis compañeros se burlaban de mí todo el tiempo. Sólo cuando me di cuenta de que Dios me amaba y confié en ese amor empecé a ver mi verdadero valor.

Si mira lo suficiente, siempre va a encontrar a alguien más inteligente o más lindo o más ingenioso o más rico. En lugar de quedarse en las percepciones y circunstancias de la gente que la rodea, ¿por qué no le da gracias a Dios por los dones y talentos que le ha dado? Ser negativos sobre nosotros mismos en relación con otros pueden mantenernos en el atasco. A la inversa, algunos de nosotros rebajamos a otros con sarcasmos a fin de realzarnos nosotros a sus expensas. Decimos, «bueno, cometo errores, pero no soy tan malo como… Cualquiera de estas opciones le impedirá la realización de su propio destino. Usted es una persona singular concebida por Dios. Él la ve como una de Sus creaciones maravillosas. ¡Eso la hace digna de celebrar!

PROBLEMA: Ahora mismo no me siento feliz con mi vida, pero no encuentro la motivación para hacer algo al respecto. ¿Cómo encuentro esperanza?

SOLUCIÓN: Encuentre su esperanza en Dios.

Me rompe el corazón ver como hay madres en quienes la pesadumbre y la desesperanza hace tanta mella. Sé como las cargas de la vida cotidiana pueden quebrantar aun al espíritu más optimista. ¡Acuérdese que siempre hay esperanza! Usted puede no ser capaz de ver ahora mismo las soluciones a los problemas de su vida, pero ahí están. Dios tiene un plan para su vida y Él la ayudará a encontrar las respuestas que necesita.

Me encanta el versículo de la Biblia que dice: «Tenemos como firme y segura ancla del alma una esperanza» (Hebreos 6:19). Ése es el tipo de ancla que no nos sujetará sino que nos dará alas para volar. Su alma y su futuro están seguros con Dios. Todos nosotros podemos hallar gran consuelo y alegría en esas palabras. No pretendo imponerle mi fe a nadie. Todos tenemos libre albedrío y usted tomará sus propias decisiones tocante a sus creencias. Me importan las personas y quiero que sean felices, que confíen y sueñen y vivan la vida a plenitud. Entréguele sus cargas a Dios en oración y estará encaminándose.

Cuestionario evaluativo sobre soluciones para lograr lo mejor de usted

- [ ] De niña, ¿qué soñaba llegar a ser?

- [ ] ¿Cuáles son sus sueños en la actualidad?

- [ ] ¿Qué medidas está tomando para eliminar los obstáculos y perseguir sus sueños?

- [ ] ¿Cree en usted misma y en el valor que Dios le dio?

- [ ] ¿Se comporta usted la mayor parte del tiempo como un «motor» o como un «ancla»? ¿Está rodeándose de «motores»?

- [ ] ¿El miedo la incapacita o usted se abre paso a través del miedo para alcanzar sus metas y ofrecer lo mejor de sí misma?

- [ ] ¿Se ocupa de usted misma y sus necesidades?

- [ ] ¿Está dispuesta a equivocarse y a aprender de sus errores?

- [ ] ¿Se acuerda de evitar compararse con otros?

- [ ] ¿Extrae esperanzas no de las actuales circunstancias sino del amor y los planes de Dios para su vida?

capítulo seis

No soy una prioridad

Tantos pañales, tantos platos sucios, tantas

exigencias. Una vez tuve una vida.

¿Adónde se fue y cómo la recobro?

Mamá, ¿puedes llevarme al fútbol?»; «Mamá, ¿qué te parece mi tarea?»; «Mamá, ¿podrías ser líder de las Niñas Exploradoras este año?»

Mamá. Qué palabra tan incesante, poderosa y hermosa. Tiene sólo cuatro letras y no obstante evoca incontables imágenes de amor, devoción, sacrificio y servicio. Si la examinamos de cerca, vemos que entre esas cuatro letras no se encuentra la «y» del «yo» en ninguna parte.

A nosotras las madres al parecer nos encanta esa ausencia. Madres de todo el país me dicen que se sienten incondicionalmente comprometidas a apoyar a sus familias y cuidar de ellas pero que están sucumbiendo al esfuerzo. Cuanto más alto levantan a sus seres queridos, tanto más se hunden en un agujero de desesperación. Tienen un profundo deseo de ser esposas y madres estupendas, pero se perciben como fracasos porque no cuentan con la fuerza para seguir. Dicen, «necesito echar el resto por mi familia. Ellos son la prioridad. ¡No tengo tiempo para ocuparme de mí!»

Conozco bien este sentimiento. Tal como compartiera antes en este libro, me costó un par de señales de alarma —la muerte de un ataque al corazón de un padre que yo conocía y las palabras difíciles de oír, pero sinceras, de un amigo— para darme cuenta de que estaba descuidando mi salud física y que necesitaba hacer algunos cambios. Cuando se trata de escoger prioridades, las madres tendemos a poner nuestras propias necesidades en el último lugar de la lista. Tarde o temprano, la vida nos pasa la cuenta por ese enfoque.

Valga el ejemplo de Kathy Peel, respetada autora y experta en administración familiar. Hace unos años ella andaba a las carreras, como la mayoría de las madres que conozco. Tenía dos chicos activos, de nueve y cinco años de edad, y estaba constantemente llevándolos a prácticas, encuentros deportivos y otros eventos. Ella casi siempre decía que sí a las solicitudes de ayuda de familiares y amigos. Su calendario estaba lleno de compromisos. Y caía exhausta, al final de cada día, dándose cuenta de que no había disfrutado ni siquiera cinco minutos.

Un día fatal Kathy fue demasiado lejos. Además de administrar a su propia familia, asistió a dos reuniones de su comunidad, preparó y entregó comida a un par de madres recientes, ayudó a una amiga a hacerse rayitos en el cabello y asistió a otra a escoger y empacar ropa para un viaje.

Al día siguiente Kathy estaba en el hospital «completamente agotada e incapaz de pensar con claridad o de funcionar sin dolor». Finalmente le diagnosticaron síndrome de fatiga crónica. En su empeño de servir a todos los que la rodeaban, Kathy había ignorado sus propias necesidades y se había quemado. De repente, era incapaz de ayudar a nadie.

Demasiadas madres se dirigen por el mismo camino. Están tan ocupadas atendiendo a las necesidades de los demás que se les vacía el tanque del combustible. Estas madres están a punto de estrellarse. ¿Es usted una de ellas? Si diez minutos sola en el baño le parecen una vacación soñada, la respuesta es sí.

Atienda a sus necesidades

Las madres descuidamos nuestras necesidades de incontables maneras —al parecer, pequeñas cosas que, sin embargo, ocupan nuestra agenda y nos quitan el tiempo para nosotras. Ni siquiera nos damos cuenta de que esto sucede. Pregúntese si alguna de las siguientes cosas le suena familiar:

- Accede sin pensar a casi cualquier solicitud.

- Se siente más como una criada que como la madre de sus hijos.

- Comienza cada día planificando hacer ejercicio, escribir una obra de teatro y limpiar el garaje —pero alguien no tarda en tener una «crisis» y usted abandona todo para correr a su ayuda.

- Al final del día se da cuenta que nunca se ha sentado.

- Participa en proyectos voluntarios o de ministerio por los cuales no siente ningún interés ni entusiasmo.

- A veces se siente molesta con su familia porque nunca se dan cuenta de cuánto usted hace por ellos ni cómo podrían colaborar.

- Su carrera solía ser gratificante, pero ahora la percibe como otra carga.

- Su mayor deseo desde el momento en que se levanta es que llegue el fin del día para poder acostarse.

- No tiene tiempo para Dios ni para reflexionar sobre los temas profundos de la vida.

- Ha echado a un lado o ha olvidado sus metas y sus sueños.

¡Ay! Si usted se parece en algo a mí, supongo que unas cuantas de estas declaraciones han dado en el clavo. Ahora bien, usted puede estar dispuesta a discutir conmigo. Puede creer incluso que, aunque esté exhausta, es necesaria y que ésa es la vida de una madre. Estos son los sacrificios que usted está dispuesta a hacer para servir a su familia, su empresa, su iglesia o su organización no lucrativa. Y ciertamente, todas ésas son prioridades que valen la pena. Pero usted debe ser una prioridad también. Si se esfuerza casi hasta el límite de sus capacidades, estará sirviendo y desempeñándose a un nivel por debajo de lo mejor de usted. Y si traspasa sus límites, no tardará en colapsar y en ser incapaz de servir a nadie. Piense en esto y se dará cuenta de que ocuparse de usted no es cuestión de ser egoísta. Se trata realmente de un valioso regalo para los que ama.

Puede ser verdad también que usted esté insatisfecha con su vida y no quiera sentirse exhausta en todo momento del día, pero no sabe qué hacer para evitarlo. Se siente atrapada por sus circunstancias. Si ha estado viviendo de este modo durante un tiempo, puede ser difícil imaginar incluso algo distinto. Le aseguro que no está atrapada y que su vida puede cambiar. No siempre será fácil y no ocurrirá de la noche a la mañana, pero usted tiene el poder ahora mismo de escoger un camino diferente. Abordemos algunas medidas prácticas para empezar.

Reconozca el poder de las palabras

Las palabras que usamos pueden ejercer una poderosa influencia en los que nos rodean. Ya hemos abordado cómo el vocabulario que escogemos puede servir para honrar y edificar a nuestros seres queridos o para destruirlos. Simplemente, la manera en que usted saluda a su marido y a sus hijos puede establecer el tono para el resto del día. Sus palabras serán igualmente significativas en su nuevo empeño de hacer de usted misma una prioridad.

Una de las palabras más poderosas del idioma español consta tan sólo de dos letras: *no*. Las madres tendemos a evitar usar esta palabra. Nos hace sentir egocéntricas, antisociales y poco cooperadoras. Cuando la madre de la amiga de nuestra hija llama y pregunta si podemos ayudar con la fiesta del Día de San Valentín que tendrá lugar la semana próxima en la escuela primaria, pensamos que es imposible con todos los compromisos que tenemos por delante, sin embargo, por alguna razón, lo que nos viene a la boca es una respuesta afirmativa.

Parte de nuestra renuencia a decir *no* tiene que ver con la manera en que hemos sido hechas. Dios creó a las mujeres con cualidades para cuidar de los demás y colaborar con el prójimo, y el desempeñar ese papel brinda una gran satisfacción. En parte es nuestro deseo innato de relacionarnos con otros. Apreciamos el que nos valoren lo bastante para ser invitadas y queremos participar. En parte es simplemente un hábito.

Cuando otros piden, uno no duda. En el momento en que nuestro cerebro reacciona, ya hemos dicho que sí.

Sin embargo, Dios también nos enseña a ser sabios: "Dichoso el que halla sabiduría… porque ella [la sabiduría]… es más valiosa que las piedras preciosas» (Proverbios 3:13, 15). ¿Qué sabiduría hay en aceptar más tareas de las que podemos hacer? ¿Qué dice de nuestro juicio y responsabilidad si aceptamos compromisos que no podemos cumplir? Recuerde, siempre que usted agregue otra actividad a su agenda, le está quitando ese tiempo a otra cosa. Es correcto decir que no si la solicitud de alguien no se aviene con sus prioridades. De hecho, esto es algo esencial si usted quiere llevar una vida presidida por un prurito de excelencia.

Una de las lecciones más difíciles que he tenido que aprender como madre es que «no» constituye una oración completa. Cuan a menudo, al pedirnos que hagamos algo, las madres le añadimos al «no» lo que suena como una disculpa: «No, mejor no, mi marido se queja continuamente de que nunca comparto con él»; «No, lo haría, pero mi hijo tiene problemas en una de sus clases y debo ayudarlo con su tarea»; «No, quiero ir, pero no he dormido bien en toda la semana y estoy realmente cansada». Usted no tiene por qué disculparse y no necesita una excusa. «No» es todo lo que necesita decir (aunque añadir «gracias» nunca hiere a nadie).

Otro modo en que las palabras pueden ayudarnos a cambiar la manera en que nos ocupamos de nosotras mismas es lo que yo llamo el encontrar su propia voz. Un crítico de cine escribió una vez que yo tenía una voz que podría matar animalitos. Me sentí ofendida por ese comentario, pero me hizo escuchar más atentamente mi tono de voz. Puede haber llegado la hora para usted también de escuchar su voz —la voz interior que con tanta frecuencia resulta ahogada por las prioridades de los demás. ¿Qué susurros de las profundidades de su alma ha ignorado? ¿Qué necesidades ha descuidado? Cuando reprimimos nuestros sentimientos, usualmente reaparecen en otras manifestaciones insanas tales como ira, glotonería o depresión. Encuentre algún momento de quietud y escuche atentamente lo que su mente y su cuerpo le digan. Algo que le apuesto va a oír es que debe ser mejor amiga de sí misma.

Sin embargo, no se detenga aquí. Es hora de usar esa voz redescubierta. Programe un tiempo para hablar con su marido y con sus hijos. Dígales cómo se siente y hágales saber lo que necesita de ellos para cambiar eso. No se queje; sencillamente comuníquese. Si tiene un almacén de resentimientos, esto puede que no resulte fácil. Tenga presente que ésta es su familia y que ellos están de su parte. Puede que ni siquiera estén conscientes de cuán profundamente sus acciones (o sus omisiones) la han afectado. Persista —una conversación probablemente no baste. Acuérdese del poder de las palabras y póngalas a trabajar para usted.

Renuévese y recárguese

Ya usted sabe que a mí me gusta caminar, montar en bicicleta, nadar y surfear. Estoy consciente de que estas actividades son beneficiosas para mi cuerpo, pero son más que métodos para mantener un buen estado físico. Poner mi cuerpo en movimiento al aire libre es sencillamente divertido, sobre todo cuando mi familia participa. He aprendido que esto es una de las cosas que me recarga las baterías y contraataca las estresantes exigencias de la vida.

Me recargo de otras muchas maneras también. Hablar con familiares y amigos, compartir con Greg y nuestros hijos, asistir a la iglesia y a retiros de mujeres son todas las cosas que me renuevan y me revigorizan. Recientemente, he comenzado a poner mi reloj despertador de quince minutos a una hora más temprano. Dedico ese tiempo matutino adicional a estudiar la Biblia y a hablar con Dios y a escucharlo. El empezar cada día concentrándome en Él ha significado un gran cambio en mi vida. Cuando no reservo un tiempo para Dios, mis prioridades parecen desalinearse y me cuesta más trabajo enfrentar los problemas. Cuando reservo ese tiempo, Él me da la fuerza y la paz para encontrar soluciones a los retos que continuamente se presentan. He descubierto que centrarme en Dios es una manera de cuidar de mí misma.

Éstas son cosas que me funcionan, actividades que me alivian y restauran el alma. Aunque las crisis interrumpen inevitablemente mis planes algunos días, me he empeñado en incluir sistemáticamente estas actividades rejuvenecedoras en mi vida diaria. Las necesito a fin de convertirme en la persona que quiero y tengo la intención de ser.

¿Se ha tomado el tiempo de identificar lo que la refresca y energiza? Aun si está segura de que ya lo sabe, deténgase ahora mismo y haga una lista en un papel o en la computadora de diez cosas que traen gozo y renovada fuerza a su vida. Adelante —esperaré.

¿Hecho? Echémosle un vistazo a su lista. Probablemente, algunas de sus opciones son más fáciles de cumplir que otras. Algunas pueden estar fuera de su presupuesto. Algunas pueden exigir un tiempo que usted no cree que tenga. He aquí la pregunta clave: ¿cuándo fue la última vez que participó en cada una de esas actividades? Si la mayoría de sus respuestas cae en las categorías de «el mes pasado» o «el año pasado» o «hace tanto tiempo que no me acuerdo», usted debe tomar medidas de inmediato. ¿Ha oído hablar del iPod? Lo que usted necesita es un «iCalendario». Al lado de cada ítem de su lista, escriba un breve plan en el que detalle cómo usted puede incorporar ese extraordinario promotor de energía en su estilo de vida. ¿Disfruta de hacer ejercicio, de escuchar música, del tiempo apacible o de una noche de cine? Tal vez conozca a una amiga que quisiera turnarse con usted el cuidar de los chicos por una tarde o una noche libre. ¿Le encantaría darse una escapada de un fin de semana con su marido pero no puede darse ese lujo? Comience a ahorrar hoy mismo para esa meta y terminará por convertirse en realidad.

No puedo hacer suficiente hincapié en la importancia de que comience a cuidarse *hoy mismo*. Puede comenzar con poco: priorice el reservar al menos quince minutos para usted todas las mañanas y todas las tardes. Prográmelo para una hora específica a fin de que no se confunda. Si tiene un trabajo de jornada completa fuera de la casa, contemple el asignar su «iCalendario» en la mañana y en la noche o siempre que tenga más sentido para su horario. Lo importante es que lo tome en serio. Una vez que esté en su agenda, proteja ese tiempo como si fuera un encuentro con un amigo a quien no ve hace mucho porque ¿sabé qué?, se está reuniendo con una vieja amiga con la que probablemente no se ha puesto en contacto en mucho tiempo. Esa amiga es usted.

Redescubra sus sueños

Todos hemos oído el término madres escénicas. Vi unas cuantas de ellas durante mi carrera de modelo: madres que intentaban realizar sus sueños a través de sus hijos. Nunca era una situación sana para ninguna de las partes. El menor, con frecuencia una niña, estaba sometida a una enorme presión para triunfar y hacer exactamente lo que quería la madre. La madre, guiando y empujando detrás de bambalinas, había transferido sus esperanzas de futuro a un vástago sin preparación.

Usted probablemente no le está imponiendo ese nivel de presión a sus hijos, no obstante, es más común de lo que la mayoría de la gente se da cuenta el hecho de que las madres abandonen subconscientemente sus propios sueños y vivan los mismos a través de sus hijos. Por supuesto, todos tenemos aspiraciones para nuestros hijos. Queremos que sean felices y exitosos en la vida. Pero cuando una madre ya no hace planes para su propio futuro y en su lugar espera que su hijo le proporcione la alegría perdida, esa madre tiene serios problemas.

No importa la edad que tengamos y en qué circunstancias nos encontremos, todos necesitamos metas y sueños. Dios nos ha creado a cada uno de nosotros con una pasión para llevar a cabo sus planes para nuestras vidas; sin embargo, con frecuencia desechamos esos planes como demasiado imposibles o algo de lo que nos ocuparemos más tarde. Algunos de nosotros llegamos a estar tan metidos en nuestros deberes diarios que nos olvidamos totalmente de nuestros sueños y pasiones. Si descuidamos los fines mismos para los que fuimos creados, no podemos evitar el sentirnos desalentados y con la sensación de que nos falta algo. Es como si tuviéramos agujereado el corazón.

Acuérdese del capítulo anterior, ¿cuándo puso por escrito sus sueños? Volvamos a esa lista. ¿Siguen siendo ésos sus deseos para el futuro? ¿Hay nuevas metas que le gustaría añadir? ¿Qué debe cambiar en su vida para que estos sueños se hagan realidad? Tal vez usted quiere orar acerca de esto antes de seguir adelante.

Tómese unos minutos ahora y —así como hizo antes con la «lista de recargo»— escriba un plan que le permita realizar cada uno de sus sueños. Deseche cualquier duda y excusas. Dispóngase a pensar en grande. Acepte que la mayoría de sus sueños exigirán sacrificio y una apertura hacia el cambio. Dese cuenta también que una vez ponga en marcha el proceso de lograr sus sueños y los planes de Dios para su vida, descubrirá sentimientos que puede no haber experimentado durante mucho tiempo: alegría y esperanza. A veces la trayectoria para alcanzar sus sueños es tan gratificante como el propio sueño.

Crea que lo merece

Hemos mencionado varias medidas importantes que la ayudarán a cuidarse más como madre. Pueden significar una enorme diferencia en su vida y permitirle convertirse en la madre que usted nació para ser. Sin embargo, todas se basan en un ingrediente esencial del que no puede prescindir si en verdad desea hacer de usted misma una prioridad: debe creer que lo merece.

Sé de una mujer —la llamaré Julie para proteger su privacidad— que se sentía muy infeliz con su vida. El cuidar de tres hijos varones muy activos dejaba a Julie exhausta y a punto de llorar al final de cada día. Su marido se mostraba solidario cuando estaba presente, pero estaba tan absorto en su trabajo que no parecía advertir la depresión cada vez más profunda de Julie. Aunque se sentía mal, Julie no creía que tenía derecho a expresar sus necesidades. Respecto a sus sentimientos, creía que ella no contaba. Consideraba que su papel como esposa y madre era ocuparse de todo el mundo y «sencillamente vivir así».

Un día en la tienda de víveres, un hombre que Julie se había encontrado una o dos veces antes le sacó conversación. Ella se sintió halagada por su interés. Se encontraron una segunda vez y hablaron por más tiempo. Julie nunca tuvo en mente tener una aventura amorosa, pero su cansancio y su infelicidad la habían dejado en un estado mental vulnerable. Finalmente se divorció y se casó de nuevo… para encontrarse peor que nunca. Había cambiado una serie de problemas conyugales por otros, a lo que ahora se añadía el peso de la culpa por el impacto que el divorcio había tenido en sus hijos. Nadie puede afirmar lo que habría sucedido si Julie hubiera hablado con su familia acerca de su infelicidad. Yo creo, sin embargo, que si ella se hubiera honrado y respetado a sí misma lo suficiente para atender sus necesidades, habría tenido mejores oportunidades de establecer el tipo de matrimonio y de familia que quería.

Todos tenemos necesidades individuales que deben respetarse. Hasta Jesús estableció sus límites. Pese a las grandes necesidades que había en torno suyo, cuando las multitudes se le acercaban buscando curación, Él «solía retirarse a lugares solitarios para orar» (Lucas 5:16). Si Jesús pudo aplazar las necesidades de otros a fin de estar solo, orar y descansar, ¿quiénes somos nosotros para intentar arreglárnoslas sin hacer lo mismo?

Cada uno de nosotros es digno de respeto propio. Cada uno de nosotros cuenta. La Biblia nos dice que «somos hechura de Dios, creados en Cristo Jesús para buenas obras, las cuales Dios dispuso de antemano a fin de que las pongamos en práctica» (Efesios 2:10). ¿Hace Dios una chapucería? No lo creo. Sabemos que Jesús vino a la tierra específicamente a morir por nosotros (Juan 3:16). ¿Se habría sacrificado Él de este modo si hubiera creído que no lo merecíamos? Otra vez no. La verdad del asunto es que usted es miembro de la realeza. Puede costarle trabajo pensar así de usted, pero Jesús, el Rey de reyes, la ha escogido para estar con Él por la eternidad, la ha invitado a ser parte de Su familia real (1 de Pedro 2:9).

A Greg y a mí nos han inspirado nuestras hijas. Lily, nuestra hija mayor, pasó por un período cuando le gustaban particularmente los relatos y las películas acerca de princesas. A Chloe, la más pequeña, le pasa ahora lo mismo. Un día se me acercó y me dijo con voz muy triste, «Mami, nunca seré una princesa de verdad». Ella obviamente había estado dándole muchas vueltas a este asunto. Yo la cargué en mi regazo y le dije suavemente: «pero, amor mío, si ya eres una princesa. Eres una gran princesa porque tu Padre celestial es el Rey de reyes».

Creo que todas las madres son princesas. No quiero decir que usted tenga que jugar a vestirse de etiqueta ni llevar corona ni descender de un carruaje dorado ni encontrar una zapatilla de cristal. No digo que necesite un príncipe para ser una princesa. Sin nada de eso, ya usted pertenece a la realeza a los ojos de Dios y debe tratarse a sí misma con amor y respeto. El «yo» puede estar ausente del carácter de una madre, pero ciertamente no falta en el de una princesa. Téngalo presente en el transcurso de cada día y descubrirá que cuidarse le resultará un poquito más fácil.

Especial para papá

Si usted es padre y está leyendo este libro, gracias por invertir este tiempo en su esposa y en su familia. Este capítulo está dirigido a ayudar a la mujer de su vida a cuidar más de sí misma de manera que ella pueda llegar a ser todo lo que se propuso. Todas las personas son responsables de atender a sus propias necesidades, sin embargo, para muchas mujeres el hacer de sus necesidades una prioridad constituye un reto. Aunque esto sea su responsabilidad, así como la de su esposa, usted debe, definitivamente, ser capaz de ayudar.

Nadie conoce a su esposa y lo que pasa en su vida mejor que usted. La ve librar sus batallas diarias y a lo que se enfrenta. Conoce sus fuertes y sus debilidades. Si usted se parece a la mayoría de los maridos que conozco, ama muchísimo a su mujer y haría cualquier cosa por ella. Sin embargo, usted se enfrenta a sus propios obstáculos, que a menudo incluyen exigencias profesionales y el desempeño de su papel de padre. Usted quiere demostrarle a su esposa lo mucho que ella significa para usted, pero encontrar el tiempo para hacerlo le parece más difícil cada año.

Créame, como propietaria de un negocio, comprendo su dilema. Mi consejo para usted es el siguiente: los pequeños gestos acrecientan un amor grande y robusto. Usted no tiene que planear las vacaciones soñadas ni comprarle a su mujer un brillante para expresarle sus sentimientos. Son las pequeñas cosas que usted hace todos los días las que le alegran el corazón. Tal vez es brindarle un masaje en los pies antes de acostarse. Tal vez es agarrar su lista de víveres e ir a hacer la compra del día. Tal vez es llevar a los niños al parque un sábado por la tarde para que ella pueda trabajar o simplemente tener un tiempo de sosiego sola.

Me acuerdo del día en que volé de regreso a casa luego de un viaje de negocios sintiéndome mal. Estaba tosiendo y tenía fiebre. Después resultó ser que tenía neumonía. El viaje no había sido exitoso en cuanto a mis prioridades. Además de mi enfermedad había otro enfermo en la familia y una crisis en marcha. Había planeado irme a casa desde el aeropuerto con uno de mis socios, pero cuando aterrizamos Greg estaba allí. Él había reacomodado su atareadísimo horario para ir a esperarme. Me sentí tan feliz de verlo que me eché a llorar. Poca cosa, diría usted, ¿verdad? No para mí. Fue un gesto de amor que me llegó al corazón y que nunca olvidaré.

Usted puede cuidar de su esposa de muchas maneras. Trabaje con ella en disciplinar a los niños de manera que, como padres, se muestren coherentes y unidos. Resérvese la crítica si no le ha gustado cómo ella manejó una situación cuando usted estaba ausente. Si la ve aceptando más compromisos de los que puede manejar, pregúntele amorosamente si es necesario hacer cambios y si usted la puede ayudar. Tómese cinco minutos al día para orar con ella sobre los problemas que cada uno de ustedes enfrente.

El mejor consejo sobre cómo cuidar de su esposa se encuentra en las Escrituras: «Esposos, amen a sus esposas, así como Cristo amó a la iglesia y se entregó por ella para hacerla santa» (Efesios 5:25–26). La mujer con quien usted ha estado casado todos estos años aún necesita que usted se entregue por ella. No importa si parece que nosotras las madres estamos en control, hay veces en que temblamos por dentro y es maravilloso saber que podemos reclinarnos en el hombro del ser que amamos.

Auténticas soluciones

PROBLEMA: Sé que debo ocuparme más de mí misma, y estoy tratando de cambiar, pero parece que las pequeñas cosas me siguen robando el tiempo. ¿Cómo lo recupero?

SOLUCIÓN: Simplifique.

Es común que muchas personas en la actualidad confundan la complejidad con el éxito. Cuando andamos corriendo de una cita a otra y llenando nuestra casa de cosas, tendemos a sentirnos más importantes. Pero lo que no nos damos cuenta es que a menudo esas citas y esos objetos nos están privando de tiempo, energía y dinero valiosos. Servir en la junta de la Liga Infantil es una causa noble, pero las noches que ha de pasar alejada de su familia, ¿valen el precio? El nuevo televisor de pantalla ancha o el sistema de estéreo es bonito, pero el tiempo que hemos dedicado a rediseñar la sala para acomodar el nuevo equipo, a tirar a la basura el viejo (que funcionaba bien), a leer el manual de funcionamiento, a llenar la inscripción de garantía y a visitar la tienda de reparaciones porque un par de piezas se rompieron la primera semana, vale en verdad la pena?

La complejidad es destructiva. La simplicidad es bella. Si aplica esa filosofía a su vida, puede descubrir muchas maneras de insertar más tiempo en su horario. Hay un costo oculto en cada nueva actividad o posesión que le agrega a su vida. Esté dispuesta a decir que no a una petición de ayuda o a una compra que no necesita.

Usted puede recuperar el tiempo de otras formas también. Por ejemplo, hemos explicado lo importante que es definir sus prioridades y sus sueños. Calcule lo que usted vale y establezca límites para protegerse y proteger a sus seres queridos de situaciones comprometidas, peligrosas o que le consumen su tiempo. Como usted sabe, valoro el tiempo de nuestra familia. Cuando estoy en casa, no contesto todas las llamadas que recibo. Incluso personas que quiero tienen que dejar recados. Después los llamo. Sencillamente no estoy accesible en su horario. Ése es un límite que me funciona.

Otra solución sencilla para muchas familias es apagar el televisor. Sé cuán tentador resulta luego de un día arduo querer relajarse y entretenerse durante unos minutos. Pero esos minutos pueden convertirse fácilmente en dos horas y de repente usted perdió su noche. Una breve caminata puede ser igual de relajante, incluye el beneficio añadido del ejercicio y le deja el resto de la noche para que se ocupe de cualquier cosa que necesite hacer.

PROBLEMA: Soy madre de dos hijos adolescentes. Me doy cuenta de que durante años no me he ocupado de mis propias necesidades y que he estado enojada con mi familia y he dicho cosas de las que me arrepiento. Quiero cambiar. ¿Cómo puedo sacarme esos errores de la cabeza?

SOLUCIÓN: Aprenda y deje atrás el pasado.

Todos tenemos un crítico interno, esa voz negativa que constantemente nos recuerda nuestros errores pasados y nos señala los nuevos. Sin embargo, un error sigue siendo un error sólo si no aprendemos de él. Las personas exitosas pueden tropezar más que nadie precisamente porque están dispuestas a probar, a fracasar y, como resultado, a crecer. No podemos ignorar el pasado, pero cuando oímos a nuestro crítico interno, permitimos que los antiguos errores nos sujeten. Piense en la forma en que diseñaron su auto. Usted tiene un amplio parabrisas que le permite ver todo lo que tiene enfrente. También tiene un pequeño espejo retrovisor que le permite ver lo que pasa detrás. Obviamente, usted va a ser una conductora más exitosa si se concentra fundamentalmente en lo que tiene delante, si bien debe echar un vistazo hacia atrás de vez en cuando, donde también dispone de valiosa información. Pero su parabrisas es mucho más grande que su espejo retrovisor por alguna razón.

Del mismo modo, todos hemos cometido errores y hemos sido decepcionados en el pasado. Debemos lidiar con esos problemas, pero no vivir con ellos. No quiero decir que debamos ocultarlos debajo de la alfombra. Sobreponerse a experiencias penosas tomará tiempo y esfuerzo, pero si enfrentamos sinceramente cualquier injusticia de que hayamos sido víctima y podemos perdonar —no condonar, sino perdonar— a los responsables, estaremos libres de amargura y podremos vislumbrar un futuro más brillante.

Dios tiene algo que decir al respecto también. Si se siente ahogada por la culpa, Él quiere que se le acerque y le pida perdón: «Si confesamos nuestros pecados, Dios, que es fiel y justo, nos los perdonará (1 de Juan 1:9). Y si está aferrada al dolor sufrido en el pasado, es hora de perdonar: «si tienen algo contra alguien, perdónenlo, para que también su Padre que está en el cielo les perdone a ustedes sus pecados» (Marcos 11:25). En verdad no es fácil; pero si Dios puede perdonar y olvidar, usted puede hacer lo mismo.

PROBLEMA: Mi marido y yo nos acabamos de divorciar. De repente soy responsable de tres hijos y me siento completamente abrumada. ¡No creo que pueda hacer esto yo sola!

SOLUCIÓN: No transite ese camino sola, busque ayuda.

La maternidad es un desafío increíble para cualquier mujer, pero se duplica para la madre soltera. Conlleva gran destreza y coraje criar a una familia cuando todas las responsabilidades de la paternidad y el alimentar a la familia, así como todas las otras decisiones grandes y pequeñas, descansan sobre sus hombros. Durante casi veinte años he participado en un programa a través de Atletas y Artistas por los Niños (*Athletes and Entertainers for Kids*) que ofrece becas y estimula a madres jóvenes y solteras a edificar vidas mejores. He visto los obstáculos a que se enfrentan estas mujeres y tengo un enorme respeto y admiración por ellas. Pese a las difíciles circunstancias, ellas han escogido convertirse en madres y adultos responsables.

Si usted es madre soltera, entiendo lo aterrador y abrumador que puede ser. ¡No espere hacerlo todo usted! Todo el mundo necesita apoyo, pero este es especialmente necesario para la madre (o el padre) soltera. Debe estar dispuesta a tender la mano y buscar ayuda. La familia y los amigos son fuentes de recursos obvias, como lo son algunos programas maravillosos como el de Boys & Girls Clubs of America, una organización con la que nuestra compañía ha trabajado y a la que ha apoyado durante muchos años. Su iglesia puede ser también un lugar idóneo para encontrar apoyo para usted y sus hijos. Un grupo de estudio bíblico de mujeres puede ser un lugar estupendo para encontrar nuevos amigos que escuchen sus cuitas y compartan sus cargas. Asímismo, muchas iglesias ofrecen programas para niños y jóvenes que son lugares sanos donde sus hijos hacen amigos y desarrollan su fe.

Los problemas económicos tienden a ser otro enorme desafío para las madres solteras. Usted puede que no esté habituada a manejar la economía familiar. Puede no tener el empleo o la preparación para ganar el dinero que necesita para sostener a su familia. Puede carecer totalmente de empleo. Busque a través de la Internet, y de personas que conozca información sobre clases de presupuesto y oportunidades de empleo. Si necesita adquirir más preparación, pregunte si las universidades de su zona ofrecen becas para madres solteras —muchas lo hacen. Indague acerca de los programas nacionales de dotaciones que están a la disposición de madres solteras. El proceso puede resultar desalentador, pero si usted persiste, encontrará la ayuda que necesita.

El problema que puede preocuparle más como madre soltera es simplemente su capacidad de criar bien a sus hijos. Una vez más, la animo a buscar ayuda mientras cría a sus hijos. Relaciónelos con personas que les resulten modelos positivos que puedan interactuar con ellos y compartir algo de la carga, y no excluya a los hombres de esa búsqueda. Investigue cuidadosamente a todo el mundo, desde luego, ante de confiarles a sus pequeños. Dese cuenta también de que los mentores pueden ser una maravillosa bendición para su familia.

Finalmente, la insto a buscar modos de ocuparse de usted en tanto enfrenta estos desafíos. Sé lo dificilísimo que es. Si usted es persona de fe, acuérdese de recurrir al Señor cuando las circunstancias parezcan deprimentes. Medite en estas palabras de las Escrituras: «Tú, SEÑOR, escuchas la petición de los indefensos, les infundes aliento y atiendes su clamor» (Salmo 10:17). Usted no está sola.

Cuestionario evaluativo sobre soluciones para el cuidado de mamá

□ Repase el cuestionario evaluativo al comienzo de este capítulo. ¿Se está ocupando de sus necesidades o se encuentra en una situación desesperada?

□ ¿Está rehusando ayuda cuando la necesita?

□ ¿Qué le dice su voz interior acerca de su vida y su horario?

□ ¿Le ha dado a conocer sus necesidades a su familia?

□ ¿Qué ha hecho en la última semana para recargar sus baterías?

□ ¿Cómo se dispone a recargarlas la semana próxima?

□ ¿Qué medidas está tomando para acercarse más a la realización de sus metas y sus sueños?

□ ¿De qué manera podría simplificar su vida?

□ ¿Mira a través del parabrisas las oportunidades que tiene ante usted o está más concentrada en los errores que le muestra su espejo retrovisor?

□ ¿Siente respeto por sí misma como miembro de la realeza? ¡Acuérdese, usted es una hija del Rey!

capítulo siete

La fe y su familia

Creo en Dios. Sólo que no me parece que

tenga tiempo para la iglesia, la Biblia y todo

eso. ¿Significa una fe activa un cambio

apreciable?

Uno de los mayores elogios que recibo es cuando la gente me pregunta cómo me enfrento al estrés y las exigencias de mi vida y aún logro mantenerme ecuánime. Es un elogio, pero no refleja la realidad. No importa cuál sea la apariencia, sólo Dios controla el presente y el futuro. No sé lo que me reserva el mañana. Pero sí sé quién sostiene el mañana. Desde que tenía dieciocho años me he recostado sobre el mejor y más amoroso de los amigos que siempre está a mi disposición, para escucharme, para amarme y para protegerme. Me avergüenzo de reconocer que yo no he estado siempre a su disposición, como Él lo ha estado a la mía. Ese amigo es Jesucristo.

Poco después de graduarme de secundaria, durante los primeros tiempos de mi carrera de modelaje, viajé a París. Me quedé en el apartamento de alguien con quien trabajaba, en un cuarto al final de un pasillo largo, que más tarde supe que le llamaban «el calabozo». En medio de una de esas primeras noches en el calabozo, me desperté y no pude volver a dormirme. Esto era antes de los tiempos de teléfonos celulares, iPods y computadoras portátiles. Había poco que hacer.

Mi madre, que se había hecho cristiana el año antes, había puesto una Biblia en mi bolsa. Por el aburrimiento, el desfase de horario y la soledad, saqué la Biblia, sin saber diferenciar el Antiguo Testamento del Nuevo. Nuestra familia rara vez asistía a la iglesia y yo nunca había tenido una Biblia. Aunque creía en Dios, tenía muchas más preguntas que respuestas acerca de Él. Abrí la Biblia de mamá en el evangelio de Mateo. La Palabra y la verdad tocaron mi corazón y mi vida fue transformada para siempre.

Como una mujer sola lejos de su casa, al comienzo de una carrera muy a menudo dominada por hombres de cuestionable carácter, me sentí especialmente estimulada de ver cómo Jesús honra a las mujeres. Habló con una mujer samaritana junto a un pozo aunque los judíos (Jesús era de una familia judía) no se asociaban con samaritanos. Cuando un turba quiso apedrear a una mujer sorprendida en el acto de adulterio, Jesús no la condenó. En lugar de eso, la liberó y le dijo que abandonara los pecados. Después de Su muerte en la cruz, se le presentó primero a una mujer. Jesús fue un rebelde valiente: aunque las mujeres no eran consideradas iguales a los hombres en esa época, Él las trató con gran bondad y respeto.

Esa noche en el calabozo fue el comienzo de mi amor incondicional por Jesús, de mi fe en él y de mi camino hacia la obediencia. Ahora bien, yo puse innecesarios obstáculos en esa senda porque soy una persona bastante tozuda. Aunque había ganado un nuevo amigo que me amaría y me orientaría por el resto de mi vida, seguí siendo una cristiana en pañales durante mucho tiempo. Al leer la Biblia, escogía lo que se aplicaba a mi vida. Algunos pasajes eran estupendos. Otros, creía que no me pertenecían o que contenían errores. Era culpable de intentar convertir a Dios en lo que yo quería, en lugar de permitirle que me moldeara en la persona que nací para ser.

Desde esa noche en el calabozo, he recorrido un largo trayecto en mi viaje espiritual —y aún tengo que recorrer una gran distancia. Ruego que Dios me bendiga con años fructíferos para que pueda servirle. Mi corazón está rebosando. Él es el centro y el primer amor de mi vida. Él me ofrece consuelo, paz, propósito y alegría, a mí y a mis seres queridos. Estaríamos perdidos sin él.

Si aún no lo ha hecho, acepte la invitación de Dios a descubrir Sus increíbles bendiciones. No las pierda por cerrar sus ojos o endurecer su corazón a la verdad. Usted puede ser, como lo fui yo durante muchos años, una cristiana poco comprometida con el Señor. Usted puede no creer en Dios en absoluto. Yo no le voy a decir qué creer y en verdad no espero que usted altere su fe por causa mía, sin embargo, sí espero que mire con claridad y sinceridad al amor, la verdad y el poder transformador que Dios ofrece. Desde mi perspectiva, nada es más importante para usted que establecer una relación vigorosa y personal con el Señor.

Imagínese a Jesús viendo una película de nuestra vida. No sólo de todas las cosas maravillosas que hemos hecho y no sólo de las cosas mediocres. Imagíneselo viendo una película que muestre todo, incluidos nuestros peores momentos y pensamientos. Él se sabe cada escena y cada frase de memoria —y a pesar de eso nos ama, total e incondicionalmente. ¡Que sorprendente, maravilloso y consolador es eso! Él sabe todo acerca de nosotros y todo lo que está en nuestros corazones y mentes —incluido lo malo— y aun así nos rodea y nos protege con Su amor.

Cuanto más tiempo paso con el Señor, tanto más me doy cuenta de lo mucho que lo necesito. Algunas personas ven eso como una debilidad. Lo llaman una muleta. Tengo que admitirlo: quiero y necesito desesperadamente el amor de Dios como un apoyo mientras transito por la vida. Cuando intento hacer las cosas por mí misma, las estropeo. Con frecuencia no me gusta lo que hago o lo que sale de mi boca. Sin embargo, cuando le pido a Él que me guíe y me ayude a hablar con Sus palabras, cualquier dilema potencialmente horrible puede deshacerse. Muchas veces todo lo que necesito hacer es callarme y orar. A veces pienso que debo tener marcas de mordeduras en la lengua porque hay tantas cosas que quisiera decir y que no digo. Cuando oro y me quedo atenta a la espera de una respuesta de Dios, Él me da el discernimiento para saber qué palabras usar y cuándo guardar silencio. De este modo el resultado siempre es diferente y mucho mejor.

Transmisión de la fe

Para mi marido y yo, y para millones de familias, presentarle nuestros hijos al Señor y darles a ellos la oportunidad de establecer una relación personal con Jesús es una prioridad de primer orden. También lo puede ser para su familia. ¿Cómo, pues, le transmitimos la fe a nuestros hijos? ¿Cómo les impartimos el don de la fe que cambiará sus vidas ahora y por la eternidad?

Podemos comenzar con dedicación y regularidad. Moisés dijo: «Incúlcaselas [las palabras de Dios] continuamente a tus hijos. Háblales de ellas cuando estés en tu casa y cuando vayas por el camino, cuando te acuestes y cuando te levantes. Átalas a tus manos como un signo; llévalas en tu frente como una marca; escríbelas en los postes de tu casa y en los portones de tus ciudades» (Deuteronomio 6:7–9). Es algo más que llevar a nuestros niños a la iglesia o decir una oración al final del día. Debemos continuamente buscar las oportunidades de instruir a nuestros hijos sobre Dios.

También debemos entender que nunca es demasiado temprano para comenzar esta instrucción. Cuando nuestros hijos aprenden temprano en la vida que Jesús es el más extraordinario, poderoso y amoroso Salvador, estarán mejor preparados para enfrentarse a los temores, ansiedades y obstáculos que les saldrán en el camino. Y es una lección que es probable que conserven por el resto de sus vidas. Las Escrituras dicen: «Instruye al niño en el camino correcto, y aun en su vejez no lo abandonará (Proverbios 22:6).

Elegir una Iglesia

A principios de mi vida de fe, la tozudez y la desobediencia limitaron mi crecimiento espiritual. Durante esos años no creía que fuese necesario pertenecer a una iglesia. Leía la Biblia, creía en Dios y tenía una relación con el Señor. ¿Por qué comprometer un tiempo que realmente no tenía para estar con personas que no conocía?

Ahora me doy cuenta de cuán verdaderamente importante es encontrar una iglesia para el fortalecimiento y desarrollo [de la vida espiritual]. La Biblia dice, «ustedes son el cuerpo de Cristo, y cada uno es miembro de ese cuerpo» (1 de Corintios 12:27). Cuando adoramos y compartimos con personas que siguen nuestra misma trayectoria espiritual, descubrimos nuevos recursos de apoyo, comprensión y responsabilidad. Andamos juntos y nos apoyamos unos a otros. Pedimos y encontramos respuestas a los problemas que no podemos resolver por nuestra propia cuenta. Cada uno de nosotros tiene algo que darle al cuerpo de Cristo. Y es mucho más lo que podemos recibir.

¿Cómo escoger una iglesia que responda a las necesidades espirituales suyas y de su familia? Para nuestra familia, el primer paso es preguntar si la Biblia es vista como la Palabra de Dios y si el culto se centra en su lectura. Usted querrá algo más que historias y entretenimiento. Compruebe si hay programas para niños y jóvenes. ¿Será éste un lugar que logre entusiasmar a sus hijos? ¿Tiene líderes y mentores que desempeñarán un papel positivo en las vidas de sus hijos? ¿Hay programas y oportunidades para que los niños se reúnan más allá de los domingos por la mañana? Es prudente que pregunte también si la iglesia que tiene en perspectiva tiene una política de libro abierto en su presupuesto. La mayordomía cristiana es señal de que una iglesia se encuentra en la senda correcta.

La mayoría de nosotros confiamos en nuestra intuición. Cuando usted entra por la puerta, ¿siente la presencia del Espíritu Santo? ¿Se siente llamada a sentar una pauta en este lugar? Si la experiencia no le produce una sensación de paz, ore al respecto y discuta el asunto con su familia, y si no encuentra una respuesta que le traiga paz, es hora de que piense en otra iglesia.

El poder de la oración

Una fe viva en Dios es más que creer en Él y más que ir a la iglesia. Es una relación progresiva y que lleva tiempo. Es importante programar tiempo para orar, para estudiar la Palabra de Dios y para escuchar Su voz. En eso consiste una relación, en hablar y escuchar. Como he dicho antes, recientemente he estado poniendo mi reloj despertador para que suene más temprano, de manera que pueda empezar el día dedicándole tiempo al Señor. Siento una diferencia notable. Usted puede encontrar otras horas que le funcionen mejor —tal vez durante la hora del receso en la casa o en la oficina, o inmediatamente antes de acostarse. Lo principal es mantener abiertas las líneas de comunicación. Al igual que con cualquier otra relación, sólo funciona si usted la convierte en una prioridad y pone empeño en ello.

He encontrado que mi comunicación con Dios no se produce sólo cuando es conveniente o la tengo en mi horario. Puedo estar a la deriva en medio del sueño o desvelada en medio de la noche y sentir a Dios instándome a orar. Aun si me siento cansada, trato de obedecer esos llamados. Esas son ocasiones en que salgo de la cama y me arrodillo. Es sorprendente que Dios nos valore tanto que quiera que desempeñemos un papel en Sus planes mediante la oración. Él *no necesita* de nuestra ayuda. Simplemente nos invita a participar.

A veces Dios nos insta a orar por una persona que nos causa pesar. Puede ser un compañero de trabajo, un miembro de la familia o un vecino. No siempre resulta fácil, pero créame que Dios sabe lo que hace. Esas personas pueden necesitar desesperadamente sus oraciones y usted puede ser la única que lo haga. Eso le reportará bendiciones a usted también. Siempre que sienta un destello de cólera hacia esa persona, puede convertirlo en una oración y pedirle a Dios que la bendiga. Es una manera estupenda de disolver la amargura que pueda arraigarse en su corazón.

La oración es increíble. Es un vínculo con el poder de nuestro Padre celestial y siempre está a nuestra disposición. Una mujer de nuestra iglesia me contaba, con lágrimas en los ojos, acerca de su hijo adulto que estaba luchando con una dependencia química. Me dijo que le rompía el corazón, que había probado todo y que no había nada más que ella pudiera hacer. Yo le dije, «no subestime el poder de una madre que ora. Es algo poderoso que usted siempre puede hacer y que marcará una diferencia».

Gracias a la oración, me acuerdo constantemente de que no existe ningún problema demasiado grande para que Dios no pueda manejarlo ni demasiado pequeño para que a Él no le interese. Nuestra familia volvía a casa de un viaje e intentábamos tomar un vuelo de conexión. La aerolínea había extraviado nuestro equipaje. Greg se fue a buscar por un rumbo mientras uno de nuestros hijos y yo tomamos por otro. De repente me detuve y pensé en Dios. Él es ilimitado. No puede distraerse. Ninguna oración se queda sin respuesta, aunque no recibamos la respuesta que queremos. Para algunas personas, el orar por ayuda en esa situación podría parecer tonto o embarazoso. Yo discrepo respetuosamente y la insto a actuar y orar por todas las cosas, grandes y pequeñas. Oramos por la ayuda de Dios allí mismo en el aeropuerto. Apenas terminamos, miramos y allí estaba Greg que venía a nuestro encuentro con mi enorme maleta roja.

Diez minutos después llegamos al lugar donde debíamos tomar nuestro vuelo de conexión y descubrimos que era demasiado tarde para abordar. La mujer del mostrador dijo que nos colocaría en el próximo vuelo. Esta vez nos acordamos de orar enseguida. Apenas dijimos «amén», la empleada de la aerolínea se nos acercó y nos dijo que podía ponernos en el vuelo de todas maneras.

Me sentí agradecida y alentada. Me complacía también ver que la fe de nuestros hijos se desarrollaba según experimentaban la respuesta de Dios a nuestras oraciones. Más tarde tuve más pruebas de la creciente fe de nuestros hijos cuando ofrecieron una hermosa oración por su querido abuelito, que estaba enfermo y en el hospital. No hay nada semejante a la alegría de ver a un hijo o una hija que establece una conexión con el Señor. Es algo puro y sin complicaciones. Los niños tienen una extraordinaria capacidad de relacionarse con Dios y su Palabra. Permítame alentarla a usar el poder de la oración para ayudar a sus hijos a crecer más cerca de Él.

El ojo de la tormenta

Como ya he dicho, mi marido es médico de una sala de emergencias y pescador comercial. Bromeamos que cuando no está salvando vidas, está matando langostas (Greg dice que eso no es cierto, que él les proporciona a las langostas lujosos hospedajes y las envía a pasear por el mundo; lo que les sucede después de eso es asunto de sus futuros anfitriones). Una noche antes de la Navidad de 2007, Greg estaba pescando en las islas Channel frente a las costas de California cuando llevé a uno de nuestros hijos a que se reuniera con unos amigos en un cine. Me sentía un poco ansiosa. Hice unas cuantas llamadas personales y de negocios, pero no me podía quitar de encima la sensación de intranquilidad.

Estaba en mi auto cuando sonó el teléfono. Era el Servicio de Guardacostas. Habían recibido una señal de alarma del barco de mi marido. Sabía que Greg pescaba solo esa noche. El oficial de Guardacostas dijo que probablemente era una falsa alarma. Quise tranquilizarme con eso, pero no podía. Mi ansiedad aumentó cuando recordé que Greg me había dicho que si la alarma se disparaba debía tomarlo en serio porque él nunca iba a dejar que sucediera accidentalmente. Sólo dos días antes, habíamos enterrado al querido padre de Greg, el mejor suegro que podría haber soñado. Mi cerebro se negaba a procesar este nuevo y creciente temor. Sabía que necesitaba más que nunca de Dios.

Mientras hablaba con el oficial de Guardacostas, se oyó de fondo una llamada por la radio. Por encima de la conexión telefónica pude oír la voz de Greg, tranquila, firme y clara. «Estoy helado», dijo. «¿Podría venir alguien a buscarme?» Me quedé aliviada por el tono calmo de su voz. Explicaba que se había varado en la isla de Santa Rosa. Le di gracias a Dios por la seguridad de Greg y me sentí ansiosa por tener a mi marido en casa. Fue un momento de pánico, pero parecía que todo estaba bajo control.

La oración puede tener lugar en todo momento. Yo comencé a orar en el instante en que me enteré de la crisis. Oír la voz de Greg fue la respuesta a una de mis continuas oraciones. Durante todas las conversaciones con el oficial de Guardacostas o con familiares y amigos, mi diálogo más importante fue con Dios.

Después de oír a Greg, el oficial de Guardacostas dijo que

había salido un helicóptero a buscarlo. También dijo que las condiciones meteorológicas en las islas Channel esa noche eran muy malas. Aun creyendo que Greg estaba a salvo y camino a casa, sabía que nuestra familia dependía de Dios y de nuestros seres queridos. Como forma de hacerle frente a la ansiedad, comencé a buscar ayuda que afortunadamente conseguí. Mi mamá se presentó para cuidar a los niños. Nuestros amigos íntimos Dale y Julia se portaron como ángeles. Dale fue en su auto hasta el aeropuerto para reunirse conmigo y Julia se mantuvo al teléfono guiándome hacia una parte del aeropuerto que yo no conocía.

En la crisis de esa noche, y a pesar de mi fe, tuve un poco de miedo. Tenía dificultadas para encontrar el lugar donde Greg iba a aterrizar. No obstante, Dios envío ángeles para conducirnos y protegernos. Dale, que tiene un restaurante en la localidad, tomó la iniciativa inteligente y cariñosa de venir con comida y amistad. Llamé por teléfono a la gente que quiero y les pedí que oraran por la salud de Greg y por su regreso sano y salvo. Esas personas llamaron asímismo a otras. En cuestión de minutos, más personas de las que podíamos contar estaban orando por la vida de mi marido y por nuestra familia. Así como mi madre, Dale y Julia se presentaron, la oración puede estar acompañada por la acción. Cada persona sabe lo que él o ella hicieron esa noche. La gratitud de mi familia por cada oración y por cada acción es eterna. Gracias a todos ustedes.

El clima, en el lugar donde Greg estaba pescando era peor de lo que cualquiera hubiera imaginado. La marea alta había arrastrado el bote de Greg, que antes había encallado, mar adentro. Cuando el helicóptero del servicio de Guardacostas se acercó, el bote estaba siendo violentamente sacudido por la marejada. No había señales de Greg y nadie respondía a las llamadas de la radio. Cuando no hay ninguna señal visible de vida y abordar una embarcación pone en peligro a los rescatistas, ellos simplemente no se acercan.

Desde el helicóptero, los guardacostas detectaron la bolsa de supervivencia de Greg en la playa, pero no a él. En una cesta, bajaron a la playa a un rescatista y la búsqueda de Greg prosiguió por una hora. El rescatista peinó la isla. Durante los últimos quince minutos, estuvo examinando con sus lentes de visión nocturna el zarandeado botecito y preguntándose si Greg podría encontrarse a bordo. Sólo los rescates del Servicio de Guardacostas pueden durar tanto. A los rescatistas se les estaba acabando el combustible. A Greg se le estaba acabando el tiempo. Durante esos últimos quince minutos, el rescatista evaluó estratégicamente la situación. Había que tomar una decisión: si el bote debía abordarse y cómo hacerlo.

Finalmente, con el helicóptero casi sin combustible, este valiente rescatista se lanzó al océano helado, luchó contra las olas y el bote que éstas sacudían y corajudamente subió a bordo. Al principio pensó que el bote estaba vacío. Algo que creemos es la voluntad de Dios llevó a este hombre intrépido a seguir buscando. En el fondo del bote, que estaba lleno de agua, encontró a Greg acurrucado en posición fetal. Tenía los ojos muy abiertos, pero no se movía, parecía que estuviera muerto. Cuando el rescatista detectó un pulso muy leve, se dio cuenta de que Greg estaba en coma. Los médicos más tarde sostuvieron la teoría de que mi marido se había resbalado y se había roto la cabeza contra el bote y que un envenenamiento de monóxido de carbono puede haber desempeñado un papel en la crisis. Luchando contra el tiempo y el pulso de Greg que se apagaba, el rescatista logró ponerlo en una cesta, en tanto otros lo hacían subir al helicóptero y volaban hacia el aeropuerto.

Inocentes de la gravedad de la emergencia, Dale y yo llegamos al aeropuerto y notamos la presencia de la ambulancia. Una amable empleada del aeropuerto nos aseguró con calma que era «cuestión de rutina». Corrimos llenos de alegría a la pista, a la espera de una feliz reunión y de una escena muy distinta de la que encontramos. El estado de Greg era crítico. Los paramédicos y los rescatistas intercambiaban información vital en medio del caos. Recuerdo claramente a un tipo estupendo llamado Noodles que le informaba urgentemente a los paramédicos: "un hombre, de identidad desconocida, inconsciente. Tiene pulso. No sé si tiene fractura en el cuello. No pude inmovilizarlo». Mientras estos profesionales luchaban por salvar la vida de Greg, Dale y yo seguíamos orando y conduciendo a toda velocidad detrás de la ambulancia para encontrarnos con él en el hospital. Llamé a familiares y amigos para darles el parte y pedirles que oraran. Finalmente, al descargarse la batería de mi teléfono celular, pude quedarme a solas con el Señor y apoyarme en Él.

Por mi mente pasó la película de mi vida junto a Greg. Me acordaba de las tontas discusiones que tienen todos los matrimonios. En mi mente veía a Greg y yo criticándonos mutuamente en presencia de nuestros hijos… sus empeños empresariales… y los míos. Diferencias que no eran capitales. En ese momento pense que nada de eso era importante y que nosotros sólo deseábamos vivir en el Señor criar a nuestros hijos y estar juntos. Si esas cosas funcionaban todo lo demás ocuparía su lugar. Eso me devolvió a la realidad de lo que valoraba en el hombre con quien me había casado y a quien había elegido para ser el padre de mis hijos y pasar la eternidad. Sólo quería recuperar a mi marido.

Algunos de nuestros seres queridos estaban en el hospital y otros estaban en el teléfono, esperando, esperando, esperando. Mientras nuestras incontables oraciones proseguían, vimos cómo la vida regresaba al cuerpo de Greg. Era un milagro. Los médicos nos dijeron después que si hubiera permanecido en el bote otros veinte minutos no habría sobrevivido a la hipotermia. Cuando Greg pudo hablar, le pregunté, «Cariño, ¿qué pasó?» El respondió bromeando: «Querida, me dieron una tunda». Sólo cuando vi que Greg aún conservaba su sentido del humor me sentí aliviada y me di cuenta de que se iba a recuperar.

Creemos que las oraciones de muchas personas en el mundo —familiares, amigos, miembros de la comunidad de pesca, personas en escuelas, iglesias y hospitales— tuvieron una importancia decisiva en el rescate y la recuperación de Greg. Cuando invocamos a Dios, él respondió para guiar y proteger a nuestra familia.

Nunca sabremos qué habría sucedido esa noche si tantas personas no hubieran orado. Sí sabemos que estuvimos a punto de enfrentar una tragedia y que Jesús intervino. No entiendo por qué nuestro Señor todopoderoso interviene en algunas situaciones y no en otras. Sólo sé que debemos encontrar gracia y gratitud en Sus decisiones, cualesquiera que estas sean. Entiendo que algunas personas, porque perciben que la vida de mi familia es más cómoda que la suya, pueden creer que es fácil para nosotros ver a Dios de este modo. Mi respuesta es que la Palabra de Dios nos dice que encontremos gozo aun en nuestras tribulaciones. La crisis que acabo de relatar es una hermosa ilustración de una prueba que terminó alegremente. Muchas otras crisis en nuestras vidas no han tenido esos jubilosos resultados. No obstante, Dios sigue siendo nuestra Roca, pase lo que pase.

Greg es miembro activo de nuestra comunidad y comparte su fe abiertamente. Hace poco, hablando en una iglesia local, dijo «no sé cómo me salvaron. Sé que hay una razón. Si Dios me permite, a través de esta situación, ayudar siquiera a una persona, estoy agradecido. Quiero sentar una pauta. No cambiaría ese accidente por nada». Después, se le acercó una mujer sollozando. Le dijo que su mensaje la había ayudado y que ella era «esa persona». En verdad, mi marido —mi héroe— ayuda a muchas personas todos los días. Y ésa es justamente una razón por la cual Él es el amor de mi vida.

Si usted cree en el Señor y cultiva una relación con Él, Él estará accesible para usted y su familia, durante los buenos tiempo y durante las crisis que inevitablemente sobrevendrán. La Biblia dice que «la dádiva de Dios es vida eterna en Cristo Jesús, nuestro Señor» (Romanos 6:23). Él le ofrece a usted y los suyos esa maravillosa dádiva en todos los momentos del día, pase lo que pase. Mi oración es que usted la reciba con júbilo.

Auténticas soluciones

PROBLEMA: Oro a menudo por mi familia y por otros que conozco. A veces siento que no es suficiente —que debería hacer más.

SOLUCIÓN: Combine la oración con la acción.

La oración es siempre una respuesta extraordinaria a cualquier problema o situación. Es nuestra oportunidad de comunicarnos con nuestro Padre celestial e invocar Su poder y sabiduría. Sin embargo, es vital que no dejemos que la oración sea también nuestra último recurso. A veces Dios interviene y elimina el problema que enfrentamos. Es igualmente posible que, si escuchamos atentamente la respuesta a nuestras oraciones, sintamos un impulso a emprender una acción. Entonces nos corresponde salir adelante en señal de obediencia.

Como siempre, Jesús es nuestro ejemplo perfecto. Durante Su vida en la tierra, oró con frecuencia por Sus discípulos y por las personas que encontraba en su camino. Sin embargo, Él no se contentaba con orar y esperar a que Dios actuara; Jesús participaba y aún participa activamente en un ministerio lleno de obras, servicio y compasión. A veces nos fijamos tan solo en Sus actos de sanación y en sus milagros divinos, pero es útil para nosotros que notemos también —y sigamos— Sus ejemplos de bondad, compasión, respeto, alimentación de los hambrientos, protección de los niños y denuncia de la hipocresía. La disposición de Jesús a sacrificar Su joven vida por todos nosotros es una extraordinaria inspiración.

A veces resulta fácil fijarnos en lo que no podemos hacer en lugar de salir y hacer lo que debemos. Cuando llegó el momento de seguir adelante, Jesús no dudó en obedecer a Su Padre. Ni nosotros debemos dudar tampoco.

PROBLEMA: Siempre había creído que el pastor de nuestra iglesia era maravilloso. Últimamente he oído algunos rumores acerca de él. Me siento traicionada. Incluso me ha hecho reconsiderar mi fe. ¿Está mal?

SOLUCIÓN: Ponga su vista en Jesús.

Las personas de corazones honestos a veces resultan víctimas de chismes deshonestos. Si usted tiene dudas acerca de su pastor o de cualquier otro, confronte a esa persona de manera amable, cariñosa y respetuosa. Todo lo que necesita la fealdad para propagarse es que se quede sin respuesta. No debemos permitir que la gente ultraje la conducta de otros sin que la persona en cuestión tenga la oportunidad de defenderse. Es importante también que asuntos mortales no interfieran en nuestra relación con el Señor. Una certeza además del amor de Dios es el error humano. Las personas que amamos y nos aman van a decepcionarnos. A veces nosotros decepcionamos a otros. No podemos hacer nada para remediarlo. Necesitamos a Dios. Aunque todos nosotros hemos sido hechos a su imagen, ninguno de nosotros es perfecto. Eso incluye a líderes de todas las formas, tamaños, colores, creencias y géneros. Sólo podemos ser modelos de conducta cuando nuestro comportamiento esté a la par de nuestras creencias. De igual manera, seguiremos fallando.

Hasta los líderes religiosos más respetados son humanos.

Todo lo que tiene que hacer es fijarse en algunas de las gigantescas figuras de la Biblia —Moisés, Abraham, Noé, David, Pedro— y verá que cada uno de ellos cometió errores. Es bueno admirar y respetar a otras personas y ser inspirado por ellas. Es importante también tener discernimiento. Usted debe convenir con ellas en un punto; que no significa que debe estar de acuerdo con ellas en todo. Siempre es peligroso poner a alguien sobre un pedestal. Los pastores son falibles. Al igual que nosotros, no llegan a alcanzar el nivel establecido por Jesús.

Por favor, no confunda la imperfección humana con la inconmovible verdad, sabiduría y amor de nuestro Señor. Siempre puede contar con Él. Aunque llegue a saber cosas perturbadoras de personas que quiero, prefiero orar por ellas.

Nunca acepte el abuso, pero tenga cuidado de no dejar que las fragilidades humanas destruyan sus relaciones con sus seres queridos. Me gusta una frase que Margaret Smith, la madre de Jaclyn Smith, dijo una vez: «Si buscas un amigo perfecto, no encontrarás ni uno», con excepción de Jesús. Creo de todo corazón, que el chisme es destructivo. Confronte a la víctima de un chisme, así como a la persona que lo propaga.

Una gran solución: detenga al chismoso a mitad de su historia y dígale: «Déjame ir a buscar a la persona de quien hablas a fin de tener una conversación constructiva». Si dice tal cosa, habrá hecho un cambio para bien, sea cual fuere la respuesta.

PROBLEMA: Mi marido y yo somos creyentes y también nuestros padres. Sin embargo, me pregunto si nuestra fe se está arraigando en nuestros hijos. ¿Cómo saber si estamos haciéndolo bien?

SOLUCIÓN: Infunda una fe inteligente.

He aquí algo para pensar. Recientemente asistí a una conferencia cuyo ponente principal era el autor cristiano y orador Josh McDowell. Él retó a los padres que se encontraban en el público con esta afirmación: «Ustedes salieron bien. Pero si crían a sus hijos de la misma manera que sus padres los criaron a ustedes, sus hijos no van a salir adelante. Éste es un mundo muy distinto».

Los niños de hoy en día están expuestos a muchos diferentes sistemas de creencias. No podemos esperar que nuestros hijos abracen nuestra fe y nuestros valores simplemente porque nosotros creemos en ellos. Usted constituye un modelo a seguir para sus hijos y debe darles un ejemplo coherente y cristiano. Es importante también entender lo que usted cree y por qué —y compartir esa creencia de un modo inteligente con sus hijos.

Cuestionario evaluativo sobre soluciones acerca de la fe y la familia

☐ ¿Dónde se encuentra en su camino de la fe? ¿Dónde le gustaría estar?

☐ ¿Qué medidas está tomando para fortalecer su fe?

☐ ¿Qué obstáculos le bloquean la relación que le gustaría tener con Jesús?

☐ ¿Qué hace para familiarizar a sus hijos con Jesús?

☐ ¿Asiste a la iglesia con regularidad? Si no lo hace, ¿por qué no? ¿Cuándo va a empezar?

☐ ¿Le dedica tiempo con regularidad al Señor? Si no, ¿qué necesita cambiar en su vida para hacer esto posible?

☐ ¿Le lleva sus problemas a Dios en oración?

☐ ¿Alienta a sus hijos a hacer lo mismo?

☐ ¿Combina oración con acción?

epílogo

De mamá a mamá

*E*n este libro hemos identificado soluciones y recursos para ayudarnos a nosotras las madres y a las familias que viven de nuestros sueños. Hemos tratado de economía, de construir un hogar feliz, de la salud, de la seguridad, de llegar a ser las mejores, de cómo equilibrar el cuidado por otros con el cuidado por nosotras mismas y de la fe. Sírvase usar los cuestionarios al final de cada capítulo para que la ayuden a mantener el rumbo. Yo lo haré también y me encantará saber cuáles les han resultado más útiles.

Este material es el punto de partida de un nuevo comienzo. Ha ido evolucionando a partir de ideas, indagaciones y acciones hasta llegar a un lugar mucho más importante: ¡sus manos y su vida!

La maternidad es una enorme responsabilidad y un gran desafío; también es un privilegio. Acuérdese de celebrar los momentos extraordinarios a lo largo del viaje. Crea, según avanza, que usted es la persona más idónea para realizar ese trabajo. Dios la creó a usted específicamente para desempeñar el papel de madre en su familia. Usted es única. Posee una singular combinación de dones y talentos ¡y es asombrosa! No puede ser reemplazada.

Cuando el trayecto comience a abrumarla, espero que se dirija a esta guía en busca de ayuda. Si tiene la bendición de conocer al Señor, espero que se apoye en Él. Cuando usted se lo pida, Él la guiará, la protegerá y la ayudará. Muchos de sus seres queridos también están dispuestos a ayudarla. Por favor, no finja que usted no necesita ayuda a veces. Todos la necesitamos. Yo también quiero ayudarla. Sírvase ponerse en contacto conmigo en www.kathyireland.com si tiene alguna pregunta o preocupación o quiere darme un consejo que necesito. No estamos solas. Pertenecemos a una poderosa agrupación. Somos madres.

Gracias por el honor de permitirme compartir con usted a través de este libro. Que Dios los colme, a usted y su familia, de Su paz, alegría y bendiciones.

Con cariño,
kathy

reflexiones finales

Al tiempo de concluir este libro, nuestro país y nuestro mundo enfrentan una devastadora crisis económica. En el pasado, crisis tales como la Gran Depresión, nos llevaron a establecer un cierto número de programas sociales. Sin embargo, en la actualidad estas redes de seguridad resultan ineficaces para muchas personas que luchan para cubrir las necesidades de sus familias. Antes, millones de personas experimentaron hambre, pérdidas materiales y perjuicios económicos. Hoy, además de enfrentarnos a algunos de estos mismos problemas, también debemos lidiar con una conciencia más acusada de los mismos debido a los incesantes ciclos noticiosos, mayores expectativas, la «obsesión de poseer» que abordamos al principio de este libro y la idea de que tenemos derecho a ciertas cosas. Nuestras psiques no están preparadas para enfrentarse a los desafíos económicos como lo estuvieron nuestros abuelos. Tristemente, nos resulta más difícil renunciar a lo que tenemos, ya se trate del teléfono celular, el iPod o el concepto de vivir por encima de nuestros medios.

Si vivimos por encima de nuestros medios, puede que nos veamos empujados a situaciones desesperadas. Hay muchas maneras de llegar a estar en quiebra, no sólo económicamente, sino también emocional y espiritualmente. ¿Cuál es la mejor manera de enfrentarse a esta nueva realidad aterradora? Puede que no sea coincidencia, y por diversos modos una bendición, que muchas de las soluciones que se ofrecen en este libro se escribieran a fin de prepararnos para una situación como ésta. La crisis actual reafirma el hecho de que la única seguridad auténtica en la vida proviene de nuestra fe. La fe dada a nosotros por nuestro Señor y Salvador Jesucristo es lo único que no nos pueden quitar. Las posesiones materiales, la apariencia e incluso las relaciones que más apreciamos son temporales. Es importante entender la perspectiva de que, si bien debemos hacer todo lo que podamos para recobrar nuestro equilibrio económico, debemos poner nuestra esperanza de seguridad y estabilidad en la única certeza absoluta que hay en la vida, que es el amor de Dios. Si alguna vez hubo una época para reordenar nuestras prioridades y poner a Dios primero, es ahora.

El gobierno federal está más profundamente involucrado en nuestros asuntos e instituciones financieras que nunca antes. Hemos visto hacerse polvo a compañías que creíamos gigantes invulnerables. Nuestra propia compañía ha estado en trato con corporaciones que lamentablemente han experimentado quiebras. Pero podemos levantarnos con renovada fuerzas. Sus circunstancias, tan sombrías como puedan parecer hoy, no son permanentes. Esta crisis puede ser su llamado a la acción, una oportunidad de utilizar algunas de las sugerencias que le damos en el primer capítulo de este libro. Las cosas que alguna vez parecieron innecesarias —reducción, relocalización, un programa de ahorros más estricto, una negociación con sus acreedores— pueden ser ahora precisamente las medidas que se requieren para darle un giro a su situación.

No importa en qué estrato económico usted viva, es el momento de ajustarse el cinturón. Durante mucho tiempo nuestro país ha funcionado a base de créditos. Ahora el crédito está mucho más restringido. Como dijimos a principios de este libro, es como salir a pedir caramelos la noche de Halloween. Pensamos que obtendríamos un montón de cosas gratuitamente, pero en lugar de eso nos hicieron un truco. Durante mucho tiempo hemos creído que podíamos tener cosas que realmente no podíamos costear. También dijimos a comienzos de este libro que las personas que adquieren riquezas lo logran por vivir muy por debajo de sus medios. Si quiere indagar más sobre esta idea, le recomiendo el libro *The Millionaire Next Door* (puede solicitarlo en la biblioteca pública de su localidad o pedir un ejemplar económico por la Internet). Si continúa mostrando su riqueza a fin de impresionar a otros, probablemente no acumulará nada.

A la luz de la incertidumbre sobre nuestras finanzas, la insto a que regrese al capítulo inicial de este libro «El dinero importa», y lo repase con frecuencia. Tenga presente los puntos fundamentales, entre ellos:

- Negocie, negocie, negocie.

- Revise el valor de todos sus bienes.

- Acuérdese de que el mantenimiento de una casa es caro, tal vez le cuesta un 30 por ciento anualmente de su valor total. Tal vez contemple el mudarse a una localidad mas económica y convertir su casa actual en una propiedad de alquiler.

Aunque es una época difícil, sigue habiendo cosas bellas. Me hace acordar de esta cita de las Escrituras: «Hermanos míos, considérense muy dichosos cuando tengan que enfrentarse con diversas pruebas, pues ya saben que la prueba de su fe produce constancia» (Santiago 1:2–3). Con la dificultad a la que ahora se enfrenta, no puede sentir vergüenza ni embarazo alguno en cambiar su estilo de vida para que funcione a favor de usted y su familia. ¡Por el contrario! Siéntase alegre de romper las cadenas que lo han mantenido en una prisión debido a las deudas y a la ansiedad respecto a sus finanzas.

Hace poco recibí una lección de humildad de una madre muy singular. Esta mujer no piensa que ella o su familia son pobres, pero administra hasta el último centavo. Literalmente, prepara el programa de alimentación que su familia va a tener cada semana. Ha asumido las circunstancias difíciles y las ha transformado en oportunidades. Además de hacer que sus hijos participen en la planificación del presupuesto alimentario de la familia, también los ayuda a reducir calorías superfluas o malsanas. Esta madre está reemplazando el tiempo que usaba en llevar a sus hijos a restaurantes de cómida rápida con actividades físicas y divertidas para la familia. Ella y sus hijos están gastando menos y disfrutando más.

Aunque no presumo de hablar por Dios o de conocer todos Sus planes, esta terrible contracción del crédito y el pesar por el que atravesamos podría resultar muy bien una maravillosa bendición que nos devolviera al objetivo de ser una nación favorecida y una nación de planificadores. Como nación, nos hemos olvidado de ahorrar y de sacrificarnos. Nos hemos olvidado de dar un paso atrás y evaluar fríamente todas las prioridades. Debemos empezar haciéndonos unas cuantas preguntas importantes: ¿Dónde queremos vivir? ¿Cómo queremos vivir? ¿Qué necesitamos realmente mi familia y yo? ¿Cómo podemos resultar exitosos?

La clave en este momento de la historia puede ser restaurar nuestros corazones y espíritus a un estilo de vida más sencillo y a valores más simples. Con la sobrecarga y complejidad informativa que todos experimentamos a diario actualmente, necesitamos encontrar nuevos métodos para protegernos y proteger a nuestras familias. Tal vez usted ha perdido una parte significativa de sus fondos de jubilación y de los ahorros para la educación universitaria de sus hijos. Muy bien. Enjúguese las lágrimas. Respire profundamente. Mírese en el espejo y diga: «¿Cómo vamos a vivir hoy de manera que podamos tener un vida mejor mañana?» Antes de hacer una nueva compra pregúntese: «¿Por qué quiero esto? ¿Cuán importante es esto? ¿Realmente lo necesito? ¿Realmente me importa?». Cada nueva posesión viene acompañada por una obligación y la responsabilidad de cuidarla, aunque no sea más que desempolvarla. ¿Cómo podemos eliminar el abarrotamiento de cosas que realmente no nos importan o no necesitamos de manera que podamos disfrutar de las cosas que en verdad nos alegran y nos apasionan? Cuando tengo la satisfacción de trabajar con el famoso diseñador de jardines Nicholas Walker, de *J du J*, y él acaba de diseñar un hermoso jardín, dice que va a despejar el terreno. La actual crisis financiera es una gran oportunidad para las madres norteamericanas de despejar el terreno y plantar semillas de amor para nuestros hijos.

Usted no tiene que compartir mi fe cristiana para entender que todo lo que es material puede desaparecer mañana. Un colapso económico, una inundación, un terremoto, un incendio —tantas cosas que pueden suceder para poner en peligro sus valores y posesiones. Esas cosas nunca le darán un verdadero sentido de seguridad. Si se siente en armonía con usted misma, su familia, sus hijos y su fe, entonces tiene lo que perdurará cuando llegue la tormenta. Entonces, podrá nadar con seguridad hasta la costa. Si a Greg, mi marido, no lo hubieran rescatado después de su accidente en el bote, el resultado podría haber sido realmente trágico. Éste puede ser el momento en que usted ha sido llamada a rescatar a su familia.

Para lograr cambios significativos en la vida, debemos estar dispuestos a trabajar juntos. Me siento humildemente agradecida de que personas que no comparten mi fe tiendan su mano para ayudar a otros que se encuentran en medio de una crisis económica o de salud. Ya se trate de un programa que brinde un gran apoyo o algo tan pequeño como el envío de un dólar para comprar aguja e hilo que ayudará a bebés necesitados, podemos marcar una diferencia al combinar nuestros empeños y trabajos con los de otras personas. También es necesario escuchar a personas que son distintas. Cuando yo modelaba, a menudo me preguntaba por qué Dios me había puesto en ese negocio. La industria de la moda no era algo de lo que yo buscara formar parte. Me parecía frívola. Mi madre era enfermera, mi padre trabajó en el sector obrero, mi esposo salvaba vidas como médico en una sala de urgencias. Al final del día, mi gran logro era pensar en una nueva pose.

Luego me di cuenta de que Dios podría haberme puesto donde yo estaba para que tuviera la oportunidad de examinar y afirmar mis valores. Estar rodeada de personas que eran muy distintas a mí me dio una nueva perspectiva. Me ayudó a abrir mis brazos y mi corazón a personas que no necesariamente veían las cosas de la misma manera que yo. Nuestro trabajo como cristianos no consiste en juzgar a otros. El Señor dice: «No juzguen a nadie, para que nadie los juzgue a ustedes»

(Mateo 7:1). Vamos a discrepar en algunas cosas. Es importante que esas discrepancias se ventilen con civilidad y respeto. Si podemos sostener un diálogo abierto acerca de auténticos problemas y encontrar auténticas soluciones, tenemos una gran oportunidad de reconstruir no sólo nuestra riqueza económica, sino también nuestra riqueza emocional y espiritual.

Tengo un amigo que tiene la singular capacidad de hablar y trabajar con cualquiera. Nick Vujicic es autor, conferencista motivacional y pastor. Es también un hombre que nació sin brazos y piernas. Viaja por todo el mundo, motiva a la gente con su mensaje de atravesar fronteras, de derribar barreras y llevar a las personas el amor y la esperanza que se encuentran en Jesús. Cuando usted está con alguien como Nick, que rehúsa admitir ningún tipo de limitación en su vida, resulta más fácil comprender que nuestra crisis financiera no es lo que tememos que sea. La organización de Nick se llama Vida sin Miembros (*Life without Limbs*); para mí, la suya es una vida sin límites.

Crecí oyéndole decir a mi padre que él era el hombre más rico del mundo. Durante mucho tiempo me sentía avergonzada y no quería que la gente supiera que éramos tan ricos. Finalmente, me di cuenta de que en efecto, no teníamos mucho dinero. Lo que mi padre quería decir era: «gracias, Señor, por hacerme el hombre más rico del mundo por las muchas bendiciones de mi familia». Mi amigo Nick es otra de las personas más ricas de este planeta. Ello nada tiene que ver con el éxito material sino con su papel como rayo de luz para el Señor y su don de convertir lo que algunos ven como incapacidad en poderosas capacidades y posibilidades.

Mientras examine su saldo bancario y los estados de cuenta de sus tarjetas de crédito y de su 401(k), piense en las posibilidades que aún están reservadas para usted. Fíjese en personas como Nick, que están cambiando el mundo a pesar de los obstáculos de sus vidas. Recuerde que nuestros problemas son siempre una oportunidad de correr a los brazos abiertos de nuestro Señor. No importa cuán sombría sea su situación, Él tiene el poder de restaurarla y de levantarla: «los que confían en el SEÑOR renovarán sus fuerzas; volarán como las águilas» (Isaías 40:31).

Siempre que viajamos en avión, unos cuantos miembros de nuestra familia empresarial experimenta una reacción emotiva ante una turbulencia. Intento animarlos al recordarles que la turbulencia es parte del proceso. Creo con absoluta certeza en la suficiencia de Dios para hacernos aterrizar con seguridad. Aunque podamos ver que nuestros cuerpos se zarandean, no tenemos que dejar que la turbulencia conmueva nuestro mundo. Mi sincera oración para usted es que siempre que encuentre turbulencias en su camino, los ángeles del Señor la envuelvan con sus alas amorosas y tenga un seguro, apacible y suave aterrizaje. Dios la bendiga.

Con cariño,
kathy

notas

Capítulo 1: El dinero importa

1. Ben Woolsey, «Credit card industry facts and personal debt statistics 2006–07», CreditCards.com, http://www.credit cards.com/statistics/credit-card-industry-facts-and-personal-debt-statistics.php (consultado el 29 de enero de 2008).
2. Ibid.

Capítulo 3: Su hogar saludable

1. Stephanie Nano, «Obese Kids May Face Heart Risks Later», ABC News, 6 de diciembre de 2007, http://abcnews.go.com/Health/wireStory?id=3965957 (consultado el 23 de mayo de 2008).
2. Adaptado de «Menopause», Medicine Plus, U.S. National Library of Medicine and National Institutes of Health, http://www.nlm.nih.gov/medlineplus/ency/article/000894.htm (consultado el 19 de febrero de 2008).

Capítulo 4: Seguros en casa

1. «Trends in Unintentional Childhood Injury Deaths» Safe Kids USA, http://www.usa.safekids.org/tier3_cd_2c.cfm?

content_item_id=19011&folder_id=540 (consultado el 29 de enero de 2008).

2. «Child Passenger Safety: Fact Sheet» Departamento de Salud y Servicios Humanos. Centro para el Control y la Prevención de Enfermedades, http://www.cdc.gov/ncipc/fact sheets/childpas.htm (consultado el 29 de enero de 2008).

3. Consejos de seguridad relacionados con los vehículos, el agua, los incendios y la asfixia, adaptados de Safe Kids USA, http://www.usa.safekids.org/tier2_rl.cfm?folder_id=166 (consultado el 29 de enero de 2008).

4. Margery Williams, *The Velveteen Rabbit* (Filadelfia: Running Press, 1989), 22.

5. Associated Press, «Study: More kids exposed to online porn», MSNBC, 5 de febrero de 2007, http://www.msnbc .msn.com/id/16981028/ (consultado el 29 de enero de 2008).

6. Jeff Chu, «You Wanna Take This Online?» *Time*, 8 de agosto de 2005, 52–53.

7. Associated Press, «Mom: Girl killed herself over online hoax», MSNBC, 19 de noviembre de 2007, http://www .msnbc.msn.com/id/21844203/ (consultado el 29 de enero de 2008).

8. «Sexual Health Statistics for Teenagers and Young Adults in the United States», Kaiser Family Foundation, septiembre de 2006, http://www.kff.org/womenshealth/upload/3040-03 .pdf (consultado el 29 de enero de 2008).

9. Consejos de seguridad sobre caídas, envenenamientos y armas de fuego, adaptados de Safe Kids USA, http://www .usa.safekids.org/tier2_rl.cfm?folder_id=166 (consultado el 29 de enero de 2008).

10. Associated Press, «Millions of young abusing cough me-

dicine», *USA Today*, 9 de enero de 2008, http://www.usatoday
.com/news/health/2008-01-09-cough-medicine-abu se_N.htm
(consultado el 23 de mayo de 2008).

11. Mary Frances Bowley, *A League of Dangerous Women*
(Colorado Springs, CO: Multnomah, 2006), 141–153.

Capítulo 5: Lo mejor de usted

1. Michel Legrand y Hal Davis, «Let Me Be Your Mirror».

2. Jone Johnson Lewis, «Lucille Ball Quotes», About.com,
http://womenshistory.about.com/od/quotes/a/lucille_ball.htm
(consultado el 23 de mayo de 2008).

3. Isabel Wolseley, *Daily Guideposts 2002* (Nueva York:
Guideposts, 2002).